LE PETIT ATLAS MARITIME

RECUEIL DE
CARTES ET PLANS
DES QUATRE PARTIES DU MONDE.
en Cinq Volumes.

I. VOLUME.
Amerique Septentrionale et Isles Antilles.

II. VOLUME.
Amérique Meridionale.
Mexique Terre-Ferme, Bresil, Perou, Chily.

III. VOLUME.
Asie et Afrique.

IV. ET V. VOLUMES.
Europe et les Etats qu'elle contient.

Par Ordre de M. Le Duc de Choiseul, Colonel Général
des Suisses et Grisons Ministre de la Guerre et de la Marine
Par le S. Bellin Ingenieur de la Marine 1764.

Arnoul inv.　　　　Sculpsit

PETIT ATLAS MARITIME,

OU

RECUEIL DE CARTES

ET DE PLANS

DES QUATRE PARTIES DU MONDE.

PAR ORDRE DE M. LE DUC DE CHOISEUL,
Colonel Général des Suiſſes & Griſons, Miniſtre de la Guerre & de
la Marine.

Par le Sieur BELLIN, Ingénieur de la Marine, 1764.

CE Recueil eſt compoſé de cinq volumes, *grand in-4°.*, qui
contiennent près de ſix cens Cartes & Plans, ſans les Tables & les
Frontiſpices, ſur du papier pareil à cette annonce.

Le premier Volume contient les Cartes & les Plans de l'Amérique
Septentrionale, avec le Golfe du Méxique & les Iſles du Vent &
de deſſous le Vent, au nombre de cent cinq.

Le ſecond Volume contient l'Amérique Méridionale, en commençant par le Méxique, ſuivant la Côte juſqu'au Breſil, Détroit

de Magellan, Mer du Sud, au nombre de cent Planches, tant Cartes que Plans.

Le troisieme Volume contient les Cartes & les Plans de l'Asie & de l'Afrique, au nombre de cent vingt-quatre.

Le quatrieme Volume contient les Cartes & les Plans de toutes les Côtes de l'Europe, & des divers Etats qu'elle renferme, excepté la France, au nombre de cent vingt-huit.

Le cinquieme & dernier Volume contient les Côtes de France, tant sur l'Océan que sur la Méditerranée, avec des Plans des Ports & Places Maritimes, au nombre de cent trente-deux.

Chaque Volume est rangé par ordre géographique, & chaque Carte est numérotée relativement à la table qui est à la tête du Volume. On commence par les Cartes générales, ensuite on prend les Cartes particulieres, en commençant par le Nord & suivant la Côte de proche en proche, avec les Plans des Rades, Ports, Entrées de Rivieres & Villes Maritimes, situés sur chaque Côte.

Je n'ai rien négligé pour leur donner toute l'exactitude possible, & j'ai tâché que l'exécution en fût agréable à la vue, ayant toujours pensé que la précision & la netteté doivent être inséparables en Géographie.

Les vues de M. le Duc de Choiseul, en ordonnant cet Ouvrage, ont été de rendre le Dépôt des Cartes & Plans de la Marine de plus en plus utile, non-seulement aux Officiers des Vaisseaux du Roi & à tous les Navigateurs, mais aussi à tous les Militaires, dont les connoissances sur le local & sur l'état des lieux ne sauroient être trop étendues.

On sait que c'est de ce Dépôt que sont sorties des Suites de Cartes Marines, connues aujourd'hui dans l'Europe sous le nom de L'Hydrographie Françoise, & dont les Navigateurs des différentes Nations se servent avec confiance. Auteur de ces Cartes, dont j'ai publié la premiere en 1727, j'ai tâché de les rendre les plus justes qu'il étoit possible, corrigeant plusieurs erreurs préjudiciables à la Navigation, qui se trouvoient dans les Cartes Angloises & Hollandoises, dont on étoit forcé de se servir, puisque personne en France ne s'étoit, de ce siecle-ci, livré à l'étude & à la construction des Cartes Marines ; & j'en ai rendu compte par des Mémoires particuliers.

Mais ces nouvelles Cartes ne pouvant, par leur nature & l'étendue des Mers qu'elles renferment, rendre suffisamment sensibles ces parties de détails si intéressantes & si nécessaires, telles que les contours des Baies & Ances, les Rades, les Mouillages, les Entrées des Rivieres, les Ports & les Places Maritimes ; connoissances aussi utiles aux Officiers chargés des Entreprises & des Expéditions, qu'aux Ministres qui les ordonnent ; c'est pour y suppléer qu'on a formé cette Suite si considérable de Cartes & de Plans, unique dans son genre.

Un autre avantage de cette Collection, c'est qu'elle est commode pour le Cabinet & à portée de tout le monde, les Cartes & les Plans ayant été réduits sous une forme qui, sans rien diminuer de leur exactitude, n'a pas le poids & l'embarrassant de nos grands Atlas.

Il est naturel de penser que l'exécution de cet Ouvrage , pour laquelle on n'a rien épargné, a coûté considérablement , & que par conséquent on est obligé de le vendre très cher : mais le Ministre de la Marine ayant fait la partie la plus considérable des frais , son intention est que le Public en profite ; ainsi les cinq Volumes se donneront, en feuilles & en blanc, à 96 liv. ; & lorsqu'ils seront brochés, avec des onglets & les Mers lavées en plein de couleur d'eau, 120 liv. ; reliés en veau , avec dorures & titres sur le plat de chaque Volume , 144 liv. ; ce qui n'est guere plus que les frais du papier, de l'impression, de l'enluminure, &c. cette modicité de prix étant d'ailleurs le moyen le plus sûr d'en empêcher la contrefaction chez l'Etranger.

A Paris , chez M. B E L L I N , *Ingénieur de la Marine & du Dépôt des Cartes & Plans , Censeur Royal , de l'Académie de Marine , & de la Société Royale de Londres ; rue du Doyenné , à la premiere Arcade de S. Louis du Louvre.*

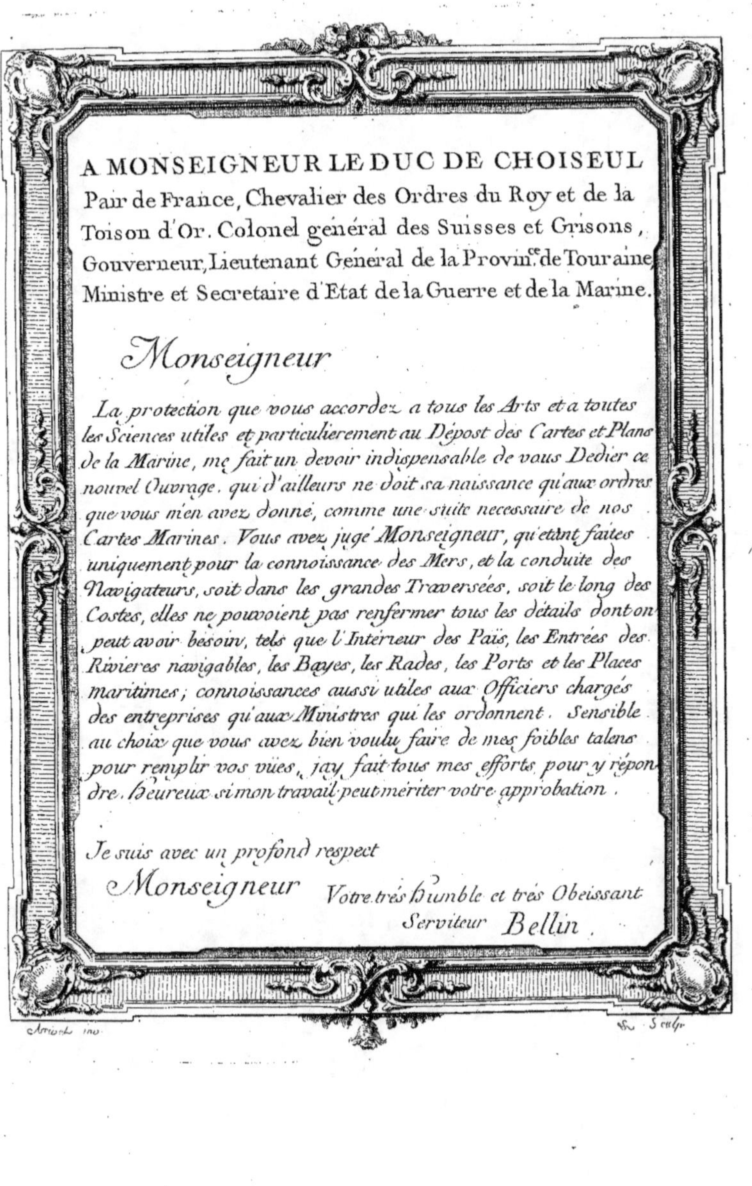

A MONSEIGNEUR LE DUC DE CHOISEUL
Pair de France, Chevalier des Ordres du Roy et de la
Toison d'Or. Colonel général des Suisses et Grisons,
Gouverneur, Lieutenant Général de la Provin.ce de Touraine,
Ministre et Secretaire d'Etat de la Guerre et de la Marine.

Monseigneur

La protection que vous accordez a tous les Arts et a toutes
les Sciences utiles et particulierement au Dépost des Cartes et Plans
de la Marine, me fait un devoir indispensable de vous Dedier ce
nouvel Ouvrage, qui d'ailleurs ne doit sa naissance qu'aux ordres
que vous m'en avez donné, comme une suite necessaire de nos
Cartes Marines. Vous avez jugé Monseigneur, qu'étant faites
uniquement pour la connoissance des Mers, et la conduite des
Navigateurs, soit dans les grandes Traversées, soit le long des
Costes, elles ne pouvoient pas renfermer tous les détails dont on
peut avoir besoin, tels que l'Interieur des Pais, les Entrées des
Rivieres navigables, les Bayes, les Rades, les Ports et les Places
maritimes; connoissances aussi utiles aux Officiers chargés
des entreprises qu'aux Ministres qui les ordonnent. Sensible
au choix que vous avez bien voulu faire de mes foibles talens
pour remplir vos vües, jay fait tous mes efforts pour y répon-
dre. Heureux si mon travail peut mériter votre approbation.

Je suis avec un profond respect
Monseigneur   Votre. très humble et très Obeissant
                    Serviteur Bellin.

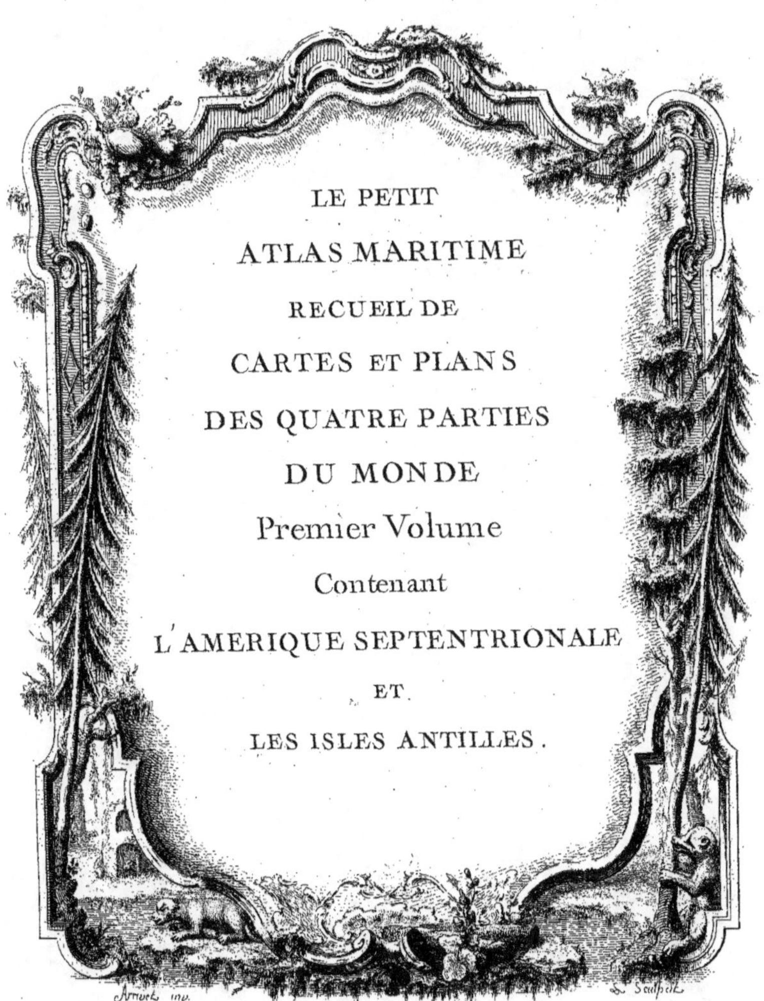

LE PETIT
ATLAS MARITIME
RECUEIL DE
CARTES ET PLANS
DES QUATRE PARTIES
DU MONDE
Premier Volume
Contenant
L'AMERIQUE SEPTENTRIONALE
ET
LES ISLES ANTILLES.

Arrivet inv.
Sculpsit

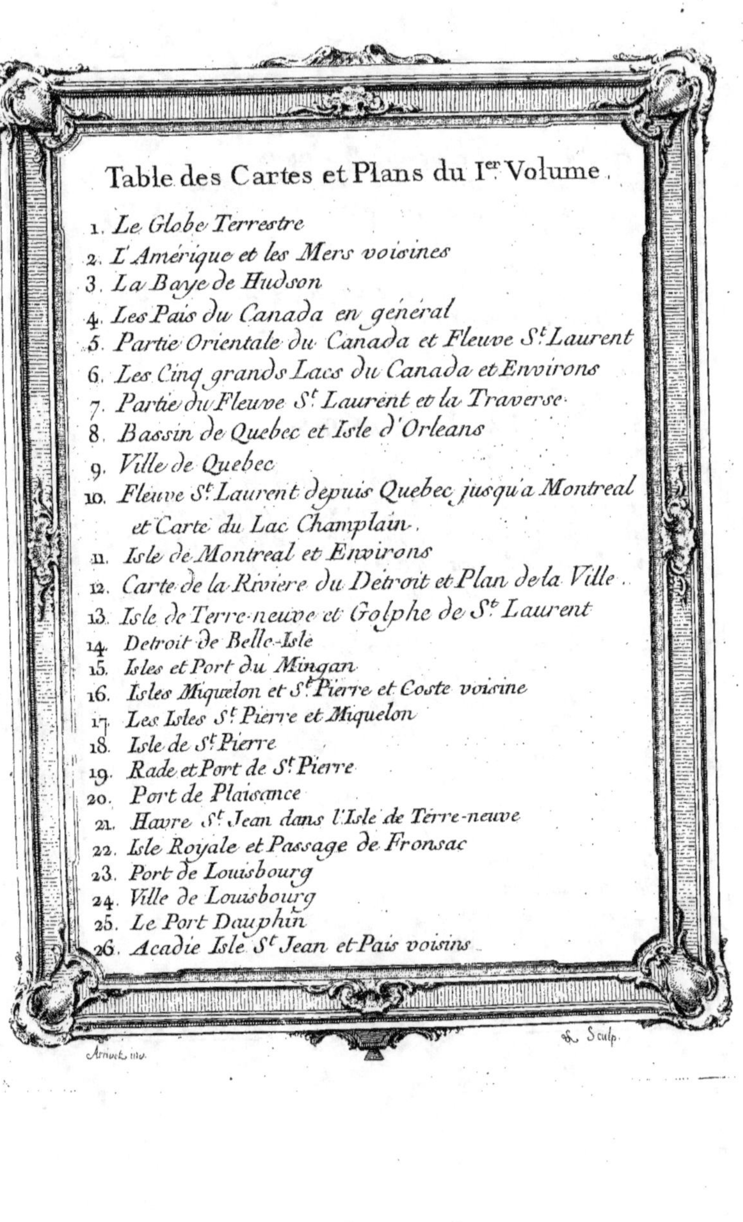

Arnoult inv.
Sculp.

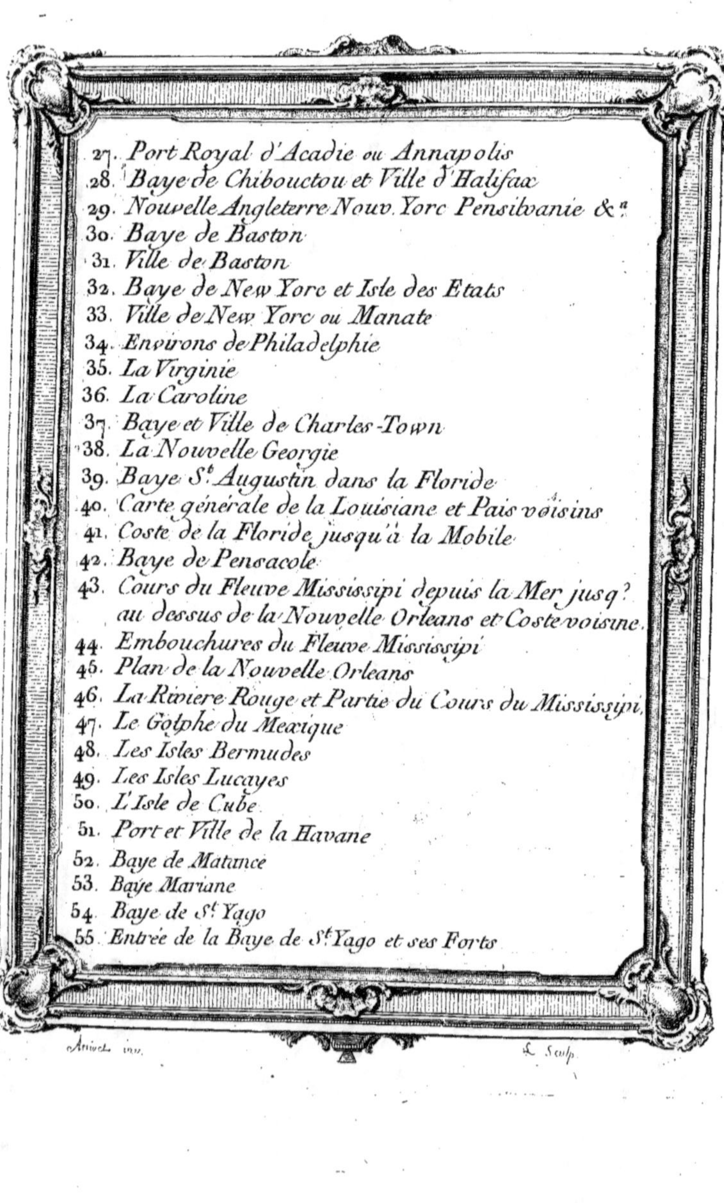

Arrivet inv.
L. Sculp.

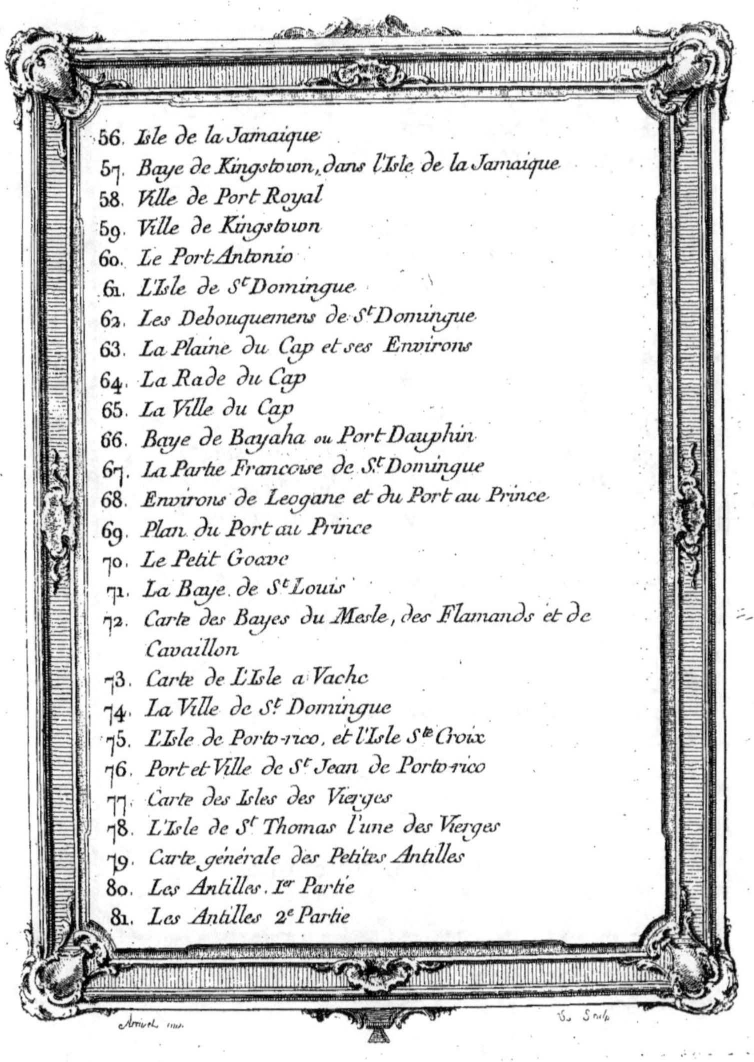

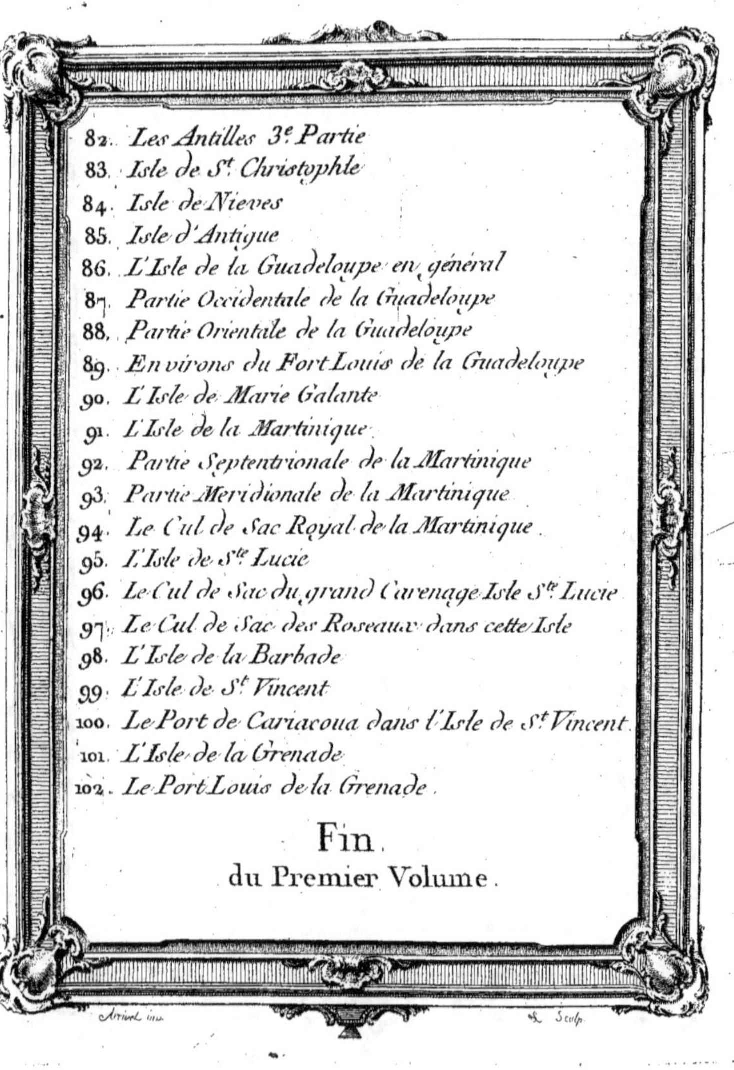

Fin.
du Premier Volume.

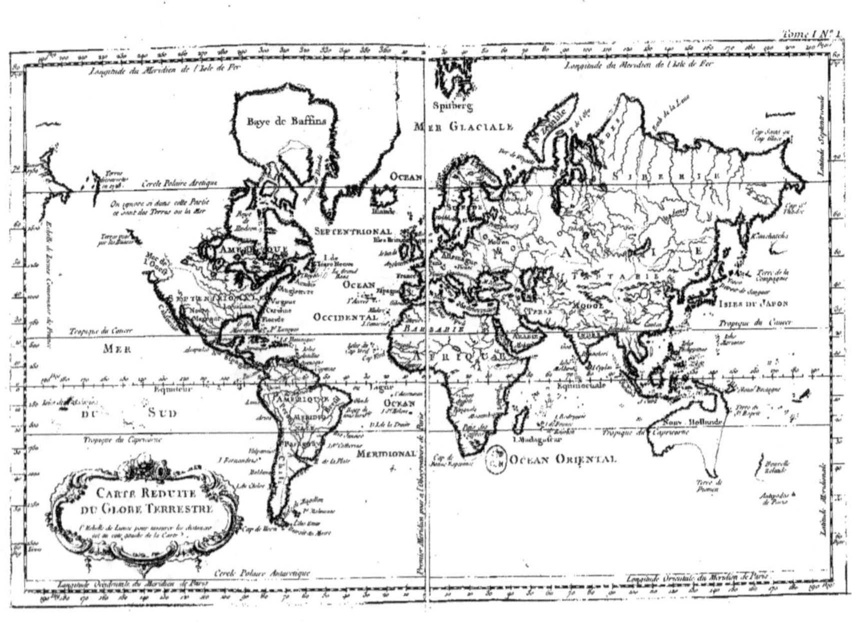
Longitude du Méridien de l'Isle de Fer
Longitude du Méridien de l'Isle de Fer
Baye de Baffins
Spitzberg
MER GLACIALE
OCEAN
SEPTENTRIONAL
Cercle Polaire Arctique
Islande
AMERIQUE
SIBERIE
ASIE
TARTARIE
Kamtschatka
OCEAN
OCCIDENTAL
SEPTENTRIONALE
Tropique du Cancer
MOGOL
ISLES DU JAPON
Tropique du Cancer
MER
BARBARIE
AFRIQUE
Equateur
Equinoctiale
DU SUD
AMERIQUE
MERIDIONALE
OCEAN
Nouv. Hollande
Terre de St. Esprit
Tropique du Capricorne
MERIDIONAL
Cap de Bonne Esperance
I. Madagascar
OCEAN ORIENTAL
Nouvelle Zelande
Terre de Feu
Tropique du Capricorne
CARTE REDUITE
DU GLOBE TERRESTRE
Cap de Horn
Détroit de Magellan
Cercle Polaire Antarctique
Longitude Occidentale du Méridien de Paris
Longitude Orientale du Méridien de Paris

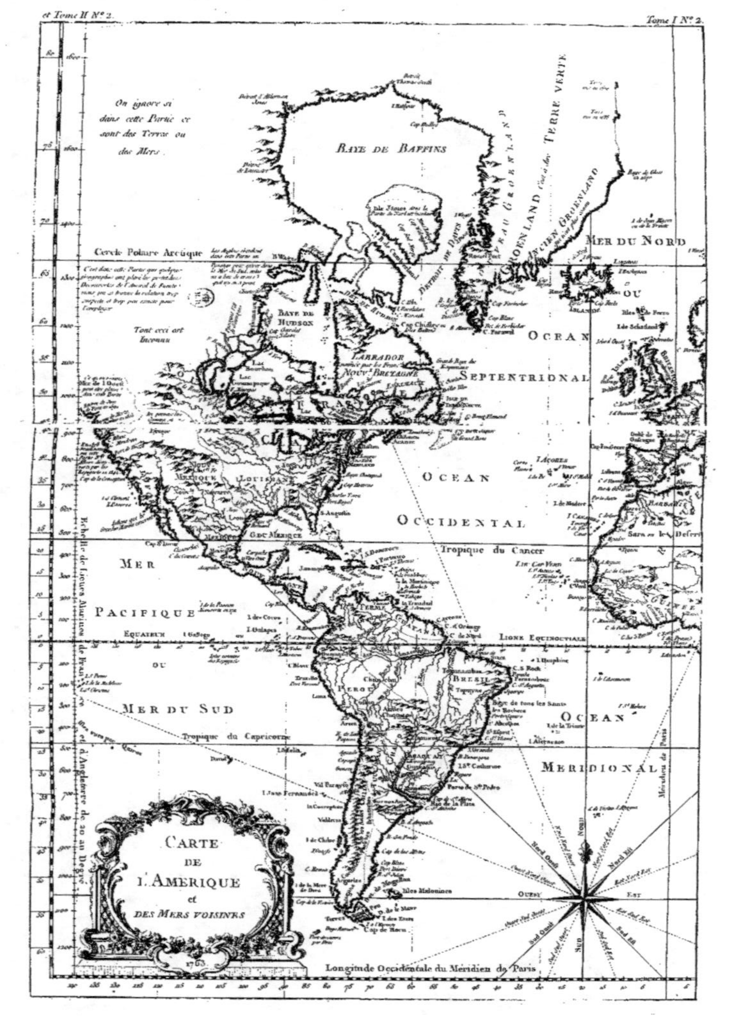
On ignore si dans cette Partie ce sont des Terres ou des Mers.
BAYE DE BAFFINS
TERRE VERTE
ANCIEN GROENLAND
NOUVEAU GROENLAND (c'est à dire)
MER DU NORD
ISLANDE
OU
Cercle Polaire Arctique
BAYE DE HUDSON
Tout ceci est Inconnu
LABRADOR nommé par les François NOUVᵉ BRETAGNE
OCEAN SEPTENTRIONAL
DISTROIT DE DAVIS
OCEAN
MEXIQUE
LOUISIANE
OCEAN OCCIDENTAL
L'AÇORES
Tropique du Cancer
MER PACIFIQUE
OU
Golfe Mexique
LIGNE EQUINOXIALE
Equateur
BRESIL
PEROU
MER DU SUD
OU
Tropique du Capricorne
OCEAN
MERIDIONAL
GUINÉE
Sara ou les Deserts
CARTE DE l'AMERIQUE et DES MERS VOISINES
1763
Echelle de Lieues Marines de France et d'Angleterre de 20 au Degré
Longitude Occidentale du Méridien de Paris
Méridien de Paris
NORD
NORD EST
NORD OUEST
OUEST
EST
SUD
SUD EST
SUD OUEST
Nord Nord Est
Nord Nord Ouest
Oüest Nord Oüest
Oüest Sud Oüest
Sud Sud Oüest
Sud Sud Est
Est Nord Est
Est Sud Est
Isles Malouines
Cap de Horn
Detroit de Magellan
Terre de Feu
Rio de la Plata

et Tome II N.º 2.

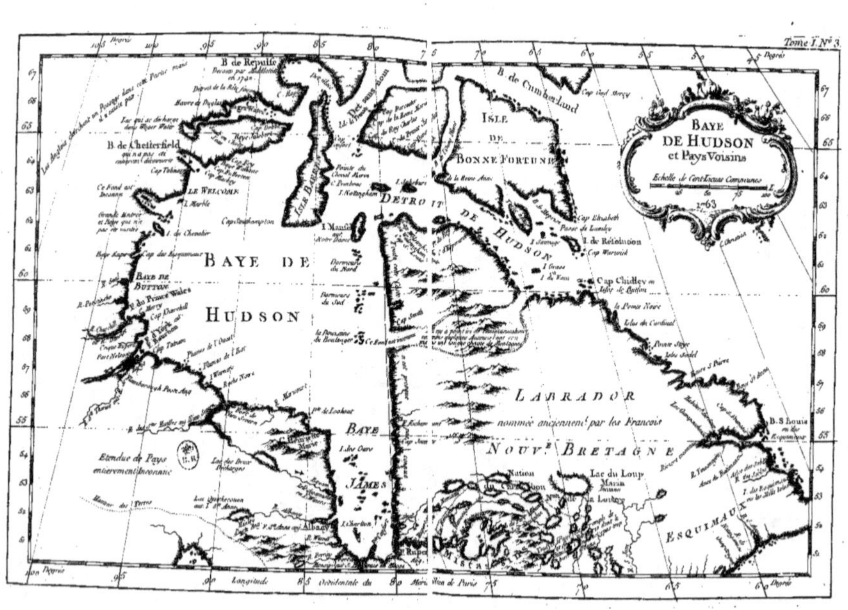
BAYE
DE HUDSON
et Pays Voisins
Echelle de Cent Lieues Communes
1763
BAYE DE HUDSON
DETROIT DE HUDSON
LABRADOR
nommée anciennement par les François
NOUv.e BRETAGNE
ISLE DE BONNE FORTUNE
ISLE BARRÉE
LE WELCOME
BAYE DE BUTTON
BAYE DE JAMES
ESQUIMAUX
B. de Repulse
B. de Chesterfield
B. de Cumberland
Cap Tsbnse
Cap Southampton
Cap Chidley ou Islte de Button
Cap Elisabeth
Cap Warwick
Cap Churchill
Cap Tatnam
I. Marble
I. du Chevalier
Isles du Prince Wales
Mercy
I. de Résolution
Détroit de la Baye en 1742
Etendue de Pays entierement Inconnüe
Lac du Loup
Plaines de l'Ouest
Plaines de l'Est
Roche Noire
Port Nelson

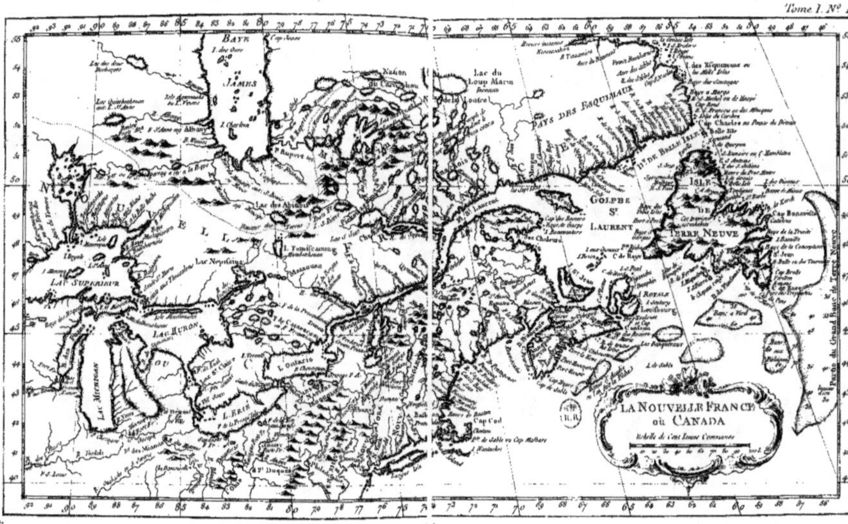

LA NOUVELLE FRANCE
ou CANADA

Echelle de Cent lieues Communes

BAYE DE JAMES

PAYS DES ESQUIMAUX

GOLFE St LAURENT

ISLE DE TERRE NEUVE

Lac du Loup Marin

LAC SUPERIEUR

LAC HURON

LAC MICHIGAN

L. ERIE

L. Ontario

L. Temiscaming ou Tamecaming

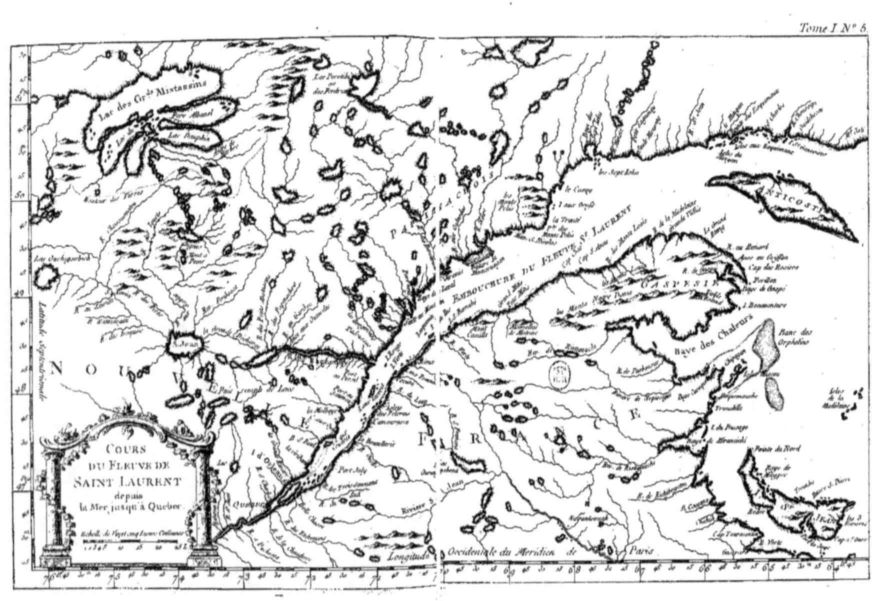
COURS
DU FLEUVE DE
SAINT LAURENT
depuis
la Mer jusqu'à Quebec
EMBOUCHURE DU FLEUVE St LAURENT
Longitude Occidentale du Méridien de Paris

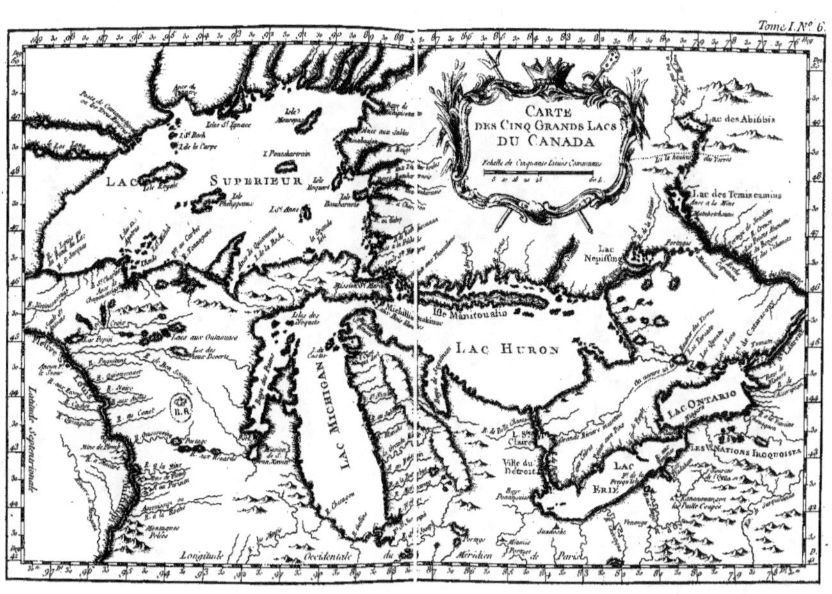
CARTE
DES CINQ GRANDS LACS
DU CANADA
Echelle de Cinquante Lieues Communes
LAC SUPERIEUR
LAC MICHIGAN
LAC HURON
Isle Manitoualin
LAC ONTARIO
LAC ERIE
LES NATIONS IROQUOISES
Lac des Abbibis
Lac des Temiscamins
Lac Nepissing
Ville du Detroit
Sandoské
Longitude Occidentale du Meridien Premier de Paris
Latitude Septentrionale

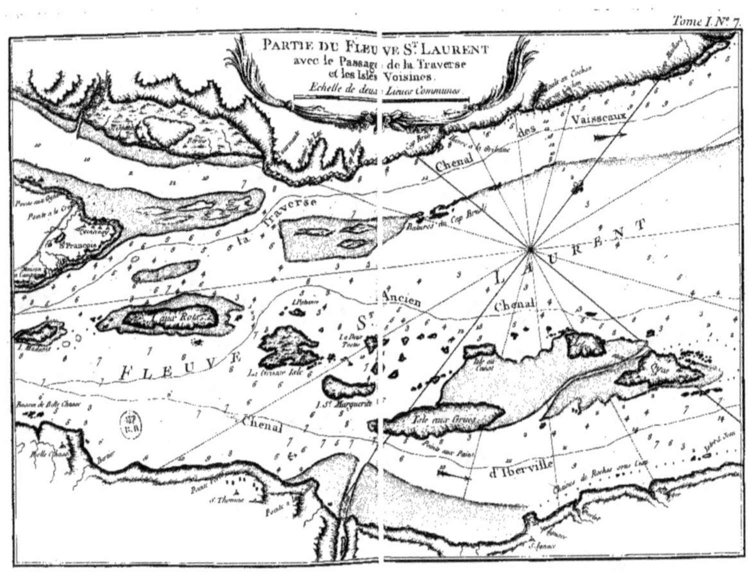

PARTIE DU FLEUVE S.ᵗ LAURENT
avec le Passage de la Traverse
et les Isles Voisines.
Echelle de deux Lieues Communes.
la Traverse
Chenal des Vaisseaux
Chenal de Grondine
Batture du Cap Brulé
Cap Brulé
L A U R E N T
Ancien Chenal
FLEUVE
S.ᵗ
Quà Roc
L.ᵗ Pelerin
Les Crevasse Isle
I. S.ᵗ Marguerite
La Pow.te Poche
Isle au Coudre
Isle aux Grues
Oye.ᵗ
Chenal
d'Iberville
S.ᵗ François
Pointe aux Pains
Chaine de Roches sous l'eau
S.ᵗ Jean
Bassin de Bely Chasse
Belle Chasse
S.ᵗ Thomas
S.ᵗ Jannes

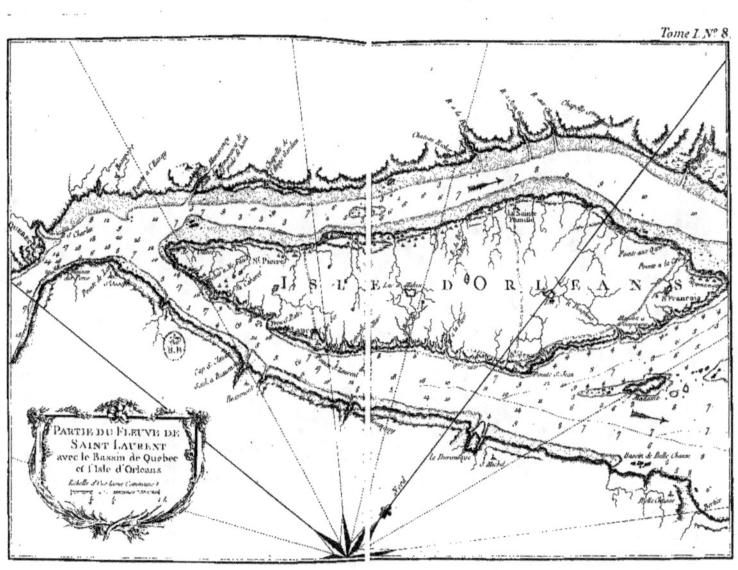

Tome I. Nº 8.
PARTIE DU FLEUVE DE
SAINT LAURENT
avec le Bassin de Quebec
et l'Isle d'Orleans
Echelle d'Une Lieue Commune
ISLE D'ORLEANS

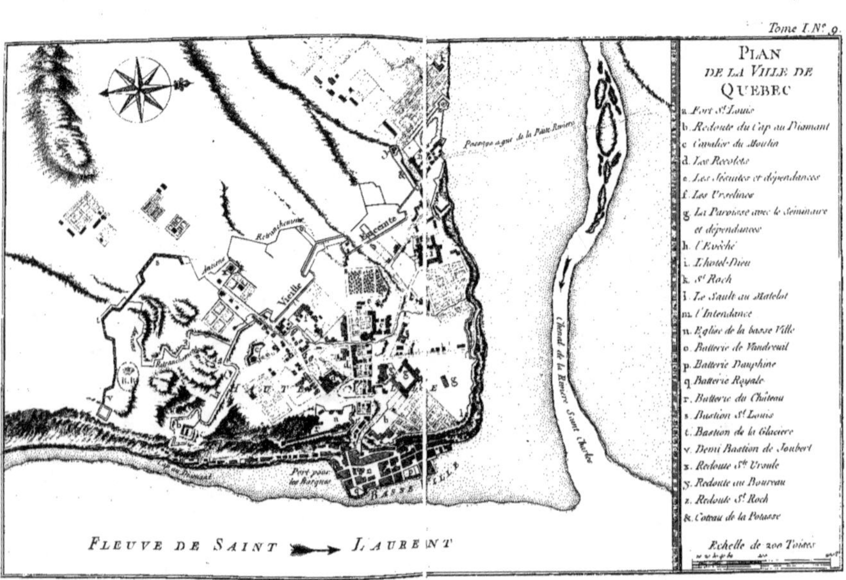

Tome I. N.º 9.
PLAN DE LA VILLE DE QUEBEC
a. Fort St Louis
b. Redoute du Cap au Diamant
c. Cavalier du Moulin
d. Les Recolets
e. Les Jésuites et dépendances
f. Les Ursulines
g. La Paroisse avec le Séminaire et dépendances
h. l'Evéché
i. L'hotel-Dieu
k. St Roch
l. Le Sault au Matelot
m. l'Intendance
n. Eglise de la basse Ville
o. Batterie de Vaudreuil
p. Batterie Dauphine
q. Batterie Royale
r. Batterie du Château
s. Bastion St Louis
t. Bastion de la Glaciere
v. Demi Bastion de Joubert
x. Redoute Ste Ursule
y. Redoute au Bourreau
z. Redoute St Roch
&. Coteau de la Potasse
Echelle de 200 Toises
Passage à gué de la Pette Riviere
Chenal de la Riviere Saint Charles
Enceinte
Vieille
Retranchement
Ancien
Rempart
Port pour les barques
BASSE VILLE
FLEUVE DE SAINT LAURENT

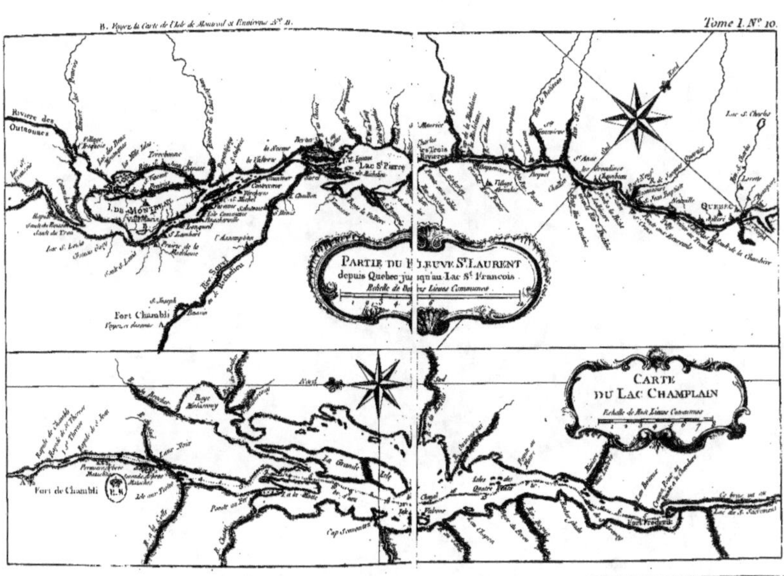

B. Voyez la Carte de l'Isle de Montreal et Environs N° 11.
Tome I. N° 10.
Riviere des Outaoues
I. de Montreal
Ville Marie
Lac St Pierre
Fort Chambli
S. Joseph
QUEBEC
Lac S. Charles
Lac S. Joseph
Lorette
Trois Rivieres
PARTIE DU FLEUVE St LAURENT
depuis Quebec jusqu'au Lac St François
Echelle de Douze Lieues Communes
Nord
Sud
Fort de Chambli
Baye Missiscouy
La Grande Isle
Cap Scomonton
Lac des Quatre Vents
Fort Frederik
Lac de S. Sacrement
CARTE
DU LAC CHAMPLAIN
Echelle de Huit Lieues Communes

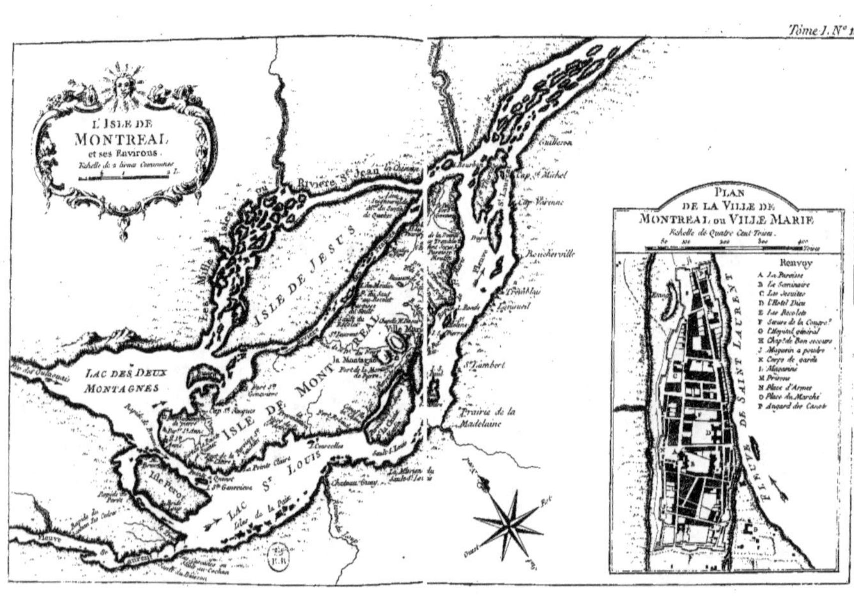
L'ISLE DE
MONTRÉAL
et ses Environs.
Echelle de 2 lieus Communes
ISLE DE JESUS
LAC DES DEUX MONTAGNES
ISLE DE MONTRÉAL
LAC St LOUIS
Isle Perrot
Rivière St Jean
Guillosm
Cap St Michel
Longue Pointe
Boucherville
Trois Rivières
Longueuil
St Lambert
Prairie de la Madelaine
Est
Ouest
Sud
PLAN
DE LA VILLE DE
MONTRÉAL ou VILLE MARIE
Echelle de Quatre Cent Toises.
Renvoy
A. La Paroisse
B. Le Séminaire
C. Les Jésuites
D. L'Hôtel Dieu
E. Les Récolets
F. Sœurs de la Congré.
G. L'Hôpital général
H. Chap. de Bon secours
I. Magazin a poudre
K. Corps de garde
L. Magazins
M. Prison
N. Place d'Armes
O. Place du Marché
P. Ançard des Canots
FLEUVE DE SAINT LAURENT

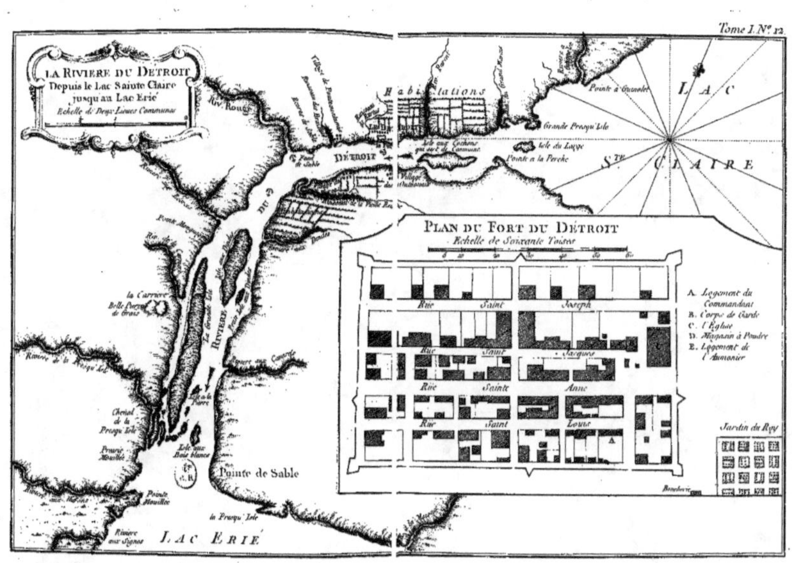

Tome I. N.º 12
LA RIVIERE DU DETROIT
Depuis le Lac Sainte Claire
jusqu'au Lac Erié
Echelle de Deux Lieues Communes
Riv. Rouge
Habitations
Pointe à Guignolet
LAC
Grande Presqu'Isle
Isle aux Cochons qui est Commun
Isle du Large
STE CLAIRE
DETROIT
Pointe à la Perche
RIVIERE DU
PLAN DU FORT DU DETROIT
Echelle de Soixante Toises
Pointe Mouillée
la Carriere
Belle Prairie de Grais
A. Logement du Commandant
B. Corps de Garde
C. L'Eglise
D. Magasin à Poudre
E. Logement de l'Aumonier
Riviere de la Presqu'Isle
Rue   Saint   Joseph
Rue   Saint   Jacques
Rue   Sainte   Anne
Chenal de la Presqu'Isle
Rue   Saint   Louis
Prairie Mouillée
Isle aux Bois blanc
Jardin du Roy
Pointe Mouillée
Pointe de Sable
la Presqu'Isle
Riviere aux Cygnes
LAC ERIE

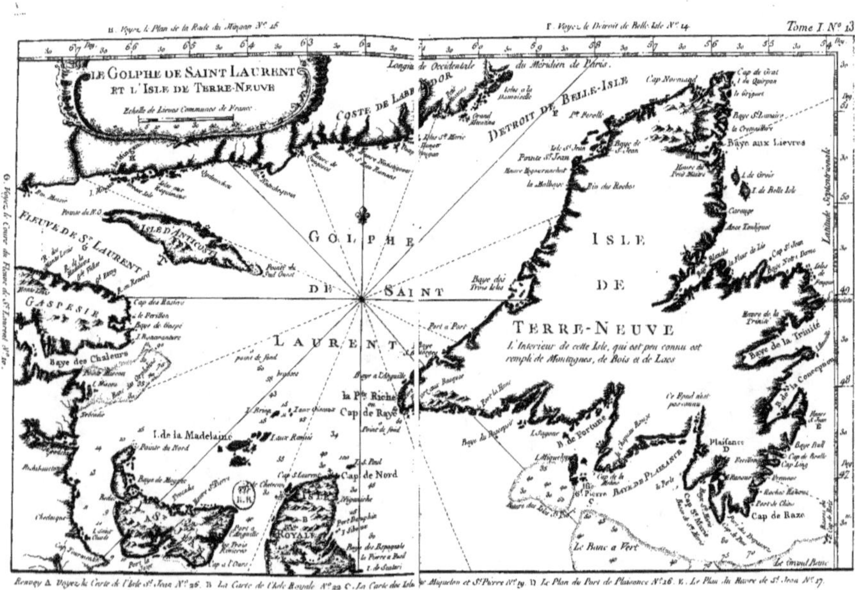
LE GOLPHE DE SAINT LAURENT ET L'ISLE DE TERRE-NEUVE
Echelle de Lieues Communes de France
Longitude Occidentale du Méridien de Paris.
COSTE DE LABRADOR
DETROIT DE BELLE-ISLE
Cap Normand
FLEUVE DE S.t LAURENT
ISLE D'ANTICOSTI
GOLPHE DE SAINT LAURENT
ISLE DE TERRE-NEUVE
L'Interieur de cette Isle, qui est peu connu est rempli de Montagnes, de Bois et de Lacs.
GASPESIE
Baye des Chaleurs
I. de la Madelaine
Cap de Raye
Cap de Nord
ISLE ROYALE
Baye de Plaisance
BAYE DE PLAISANCE
Plaisance
Cap de Raze
Le Banc a Vert
Baye de la Concepcion
Baye de la Trinité
Baye aux Lievres
Latitude Septentrionale

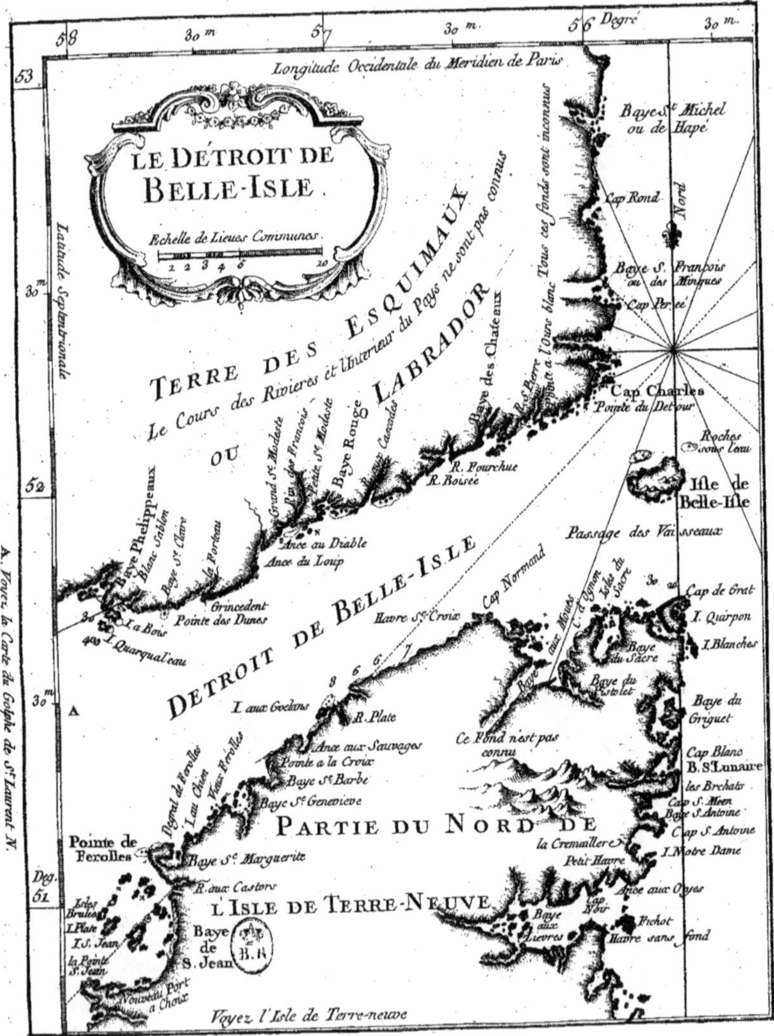

LE DÉTROIT DE BELLE-ISLE.
Echelle de Lieues Communes.
1 2 3 4 6   10
Longitude Occidentale du Meridien de Paris
Latitude Septentrionale
TERRE DES ESQUIMAUX
Le Cours des Rivieres et l'Interieur du Pays ne sont pas connus
OU LABRADOR
Baye Rouge
Grand St. Modeste
Petit St. Modeste
R. de François
Petit Cascedes
Baye des Chateaux
R. Rerre l'Ours blanc
Tous ces fonds sont inconnus
Cap Charles
Pointe du Detour
Roches sous l'eau
Isle de Belle-Isle
Baye St. Michel ou de Hapé
Cap Rond
Nord
Baye S. François ou des Morques
Cap Perceé
Baye Phelippeaux
Blanc Sablon
Baye St. Claire
I. du Portou
Ance au Diable
Ance du Loup
Grincedent
Pointe des Dunes
I. a Bois
I. Quarqua l'eau
DÉTROIT DE BELLE-ISLE
Havre St. Croix
Cap Normand
Passage des Vaisseaux
C. d'Ognon
Isle du Sacre
Cap de Grat
I. Quirpon
I. Blanches
Baye du Sacre
Baye du Pistolet
Baye du Griguet
I. aux Goelans
R. Plate
Ance aux Sauvages
Pointe a la Croix
Baye St. Barbe
Baye St. Genevieve
Baye aux Moues
Ce Fond n'est pas connu
Cap Blanc
B. St. Lunaire
les Brchats
Cap S. Meen
Baye S. Antoine
Cap S. Antoine
I. Notre Dame
PARTIE DU NORD DE
Degrd de Ferolle
Lau Chien
Eau Ferolle
Pointe de Ferolles
Baye St. Marguerite
R. aux Castors
la Cremailler
Petit Havre
Ance aux Oyes
Deg. 51
Isles Brulées
I. Plate
I. S. Jean
la Pointe S. Jean
L'ISLE DE TERRE-NEUVE
Baye de S. Jean
Baye aux Lievres
Cap Nbr
Fichot
Havre sans fond
Nouveau Port a Choix
Voyez l'Isle de Terre-neuve
A. Voyez la Carte du Golphe de St. Laurent N.

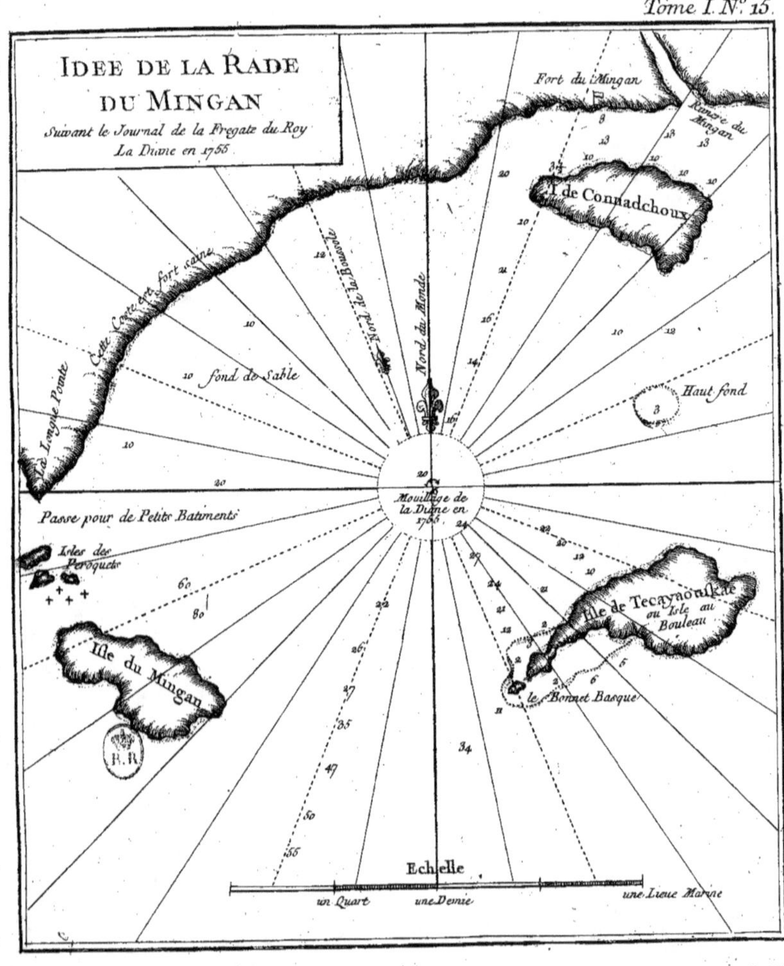

IDEE DE LA RADE
DU MINGAN
Suivant le Journal de la Fregate du Roy
La Diane en 1755
Fort du Mingan
Rivière du Mingan
I. de Connadchoux
Cette Coste est fort saine
La Longue Pointe
Nord de la Boussole
Nord du Monde
fond de Sable
Haut fond
Mouillage de la Diane en 1755
Passe pour de Petits Batiments
Isles des Peroquets
Ifle du Mingan
Isle de Tecaynouikae ou Isle au Bouleau
le Bonnet Basque
Echelle
un Quart
une Demie
une Lieue Marine
R.R

CARTE DES ISLES DE
MIQUELON ET DE S.ᵗ PIERRE
et la Coste de Terre-neuve voisine
Echelle
de Cinq Lieues Communes
COSTE
DU SUD
Isles
Sanguines
DE L'ISLE DE
Isle Chambers
Isle S.ᵗ Jean
BAYE DE FORTUNE
dont l'interieur est très peu connu
Isle Sagone
TERRE-NEUVE
Latitude Septentrionale
Cap Miquelon
Islet Brunet
La G.ᵈᵉ Miquelon
le Chapeau Rouge
LES ISLES MIQUELON
Baudoin
Baye a
l'Ane
Roche sous
l'eau
la Petite Miquelon
Cap de la
Meline
Cap du
Chapeau Rouge
P.ᵗ du Cheval Verte
Blanc
le Grand Colombier
Isles de la Meline
ou Isles a l'Ane
Baye de Plaisance
Taux Bourg
C. d'Aygue
Degré
47
Pointe
aux Seches
I. S.ᵗ Pierre
Longitude Occidentale du Méridien de Paris
Degré
58
A. Voyez le Plan de l'Isle S.ᵗ Pierre.

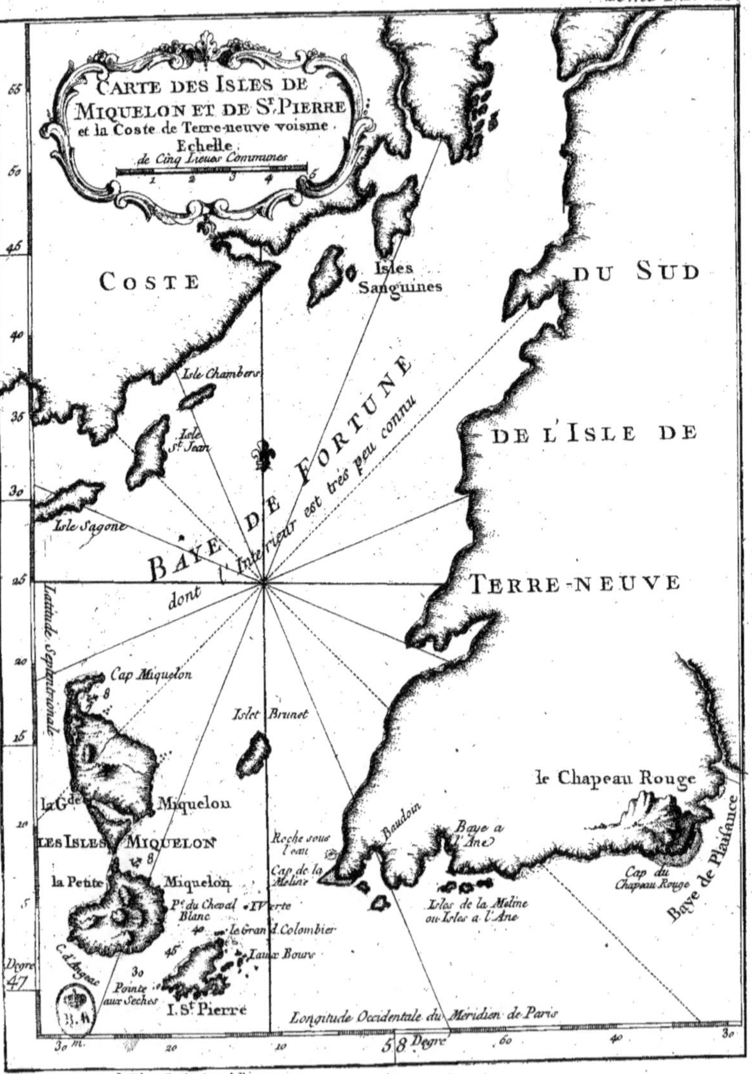

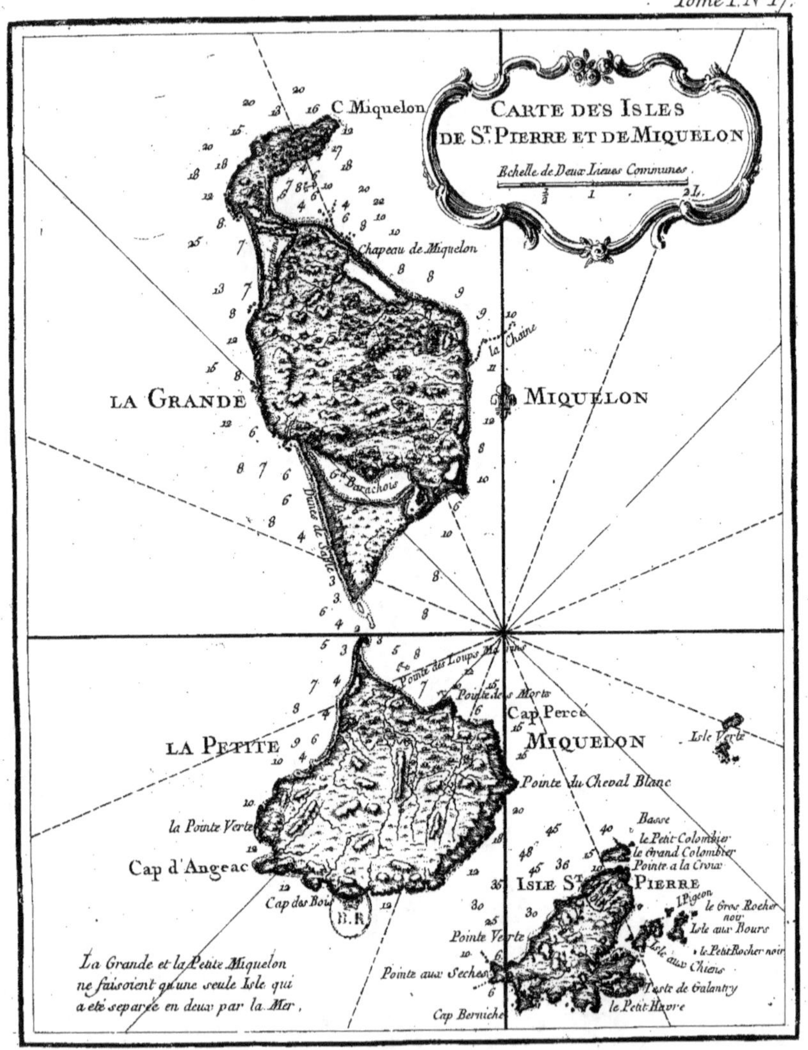
CARTE DES ISLES
DE St. PIERRE ET DE MIQUELON
Echelle de Deux Lieues Communes
C. Miquelon
Chapeau de Miquelon
la Chaine
LA GRANDE
MIQUELON
Gd. Barachois
Dunes de Sable
Pointe des Loups Marins
Pointe des Morts
Cap Percé
LA PETITE
MIQUELON
Isle Verte
Pointe du Cheval Blanc
la Pointe Verte
Cap d'Angeac
Cap des Bois
B.R
Basse
le Petit Colombier
le Grand Colombier
Pointe à la Croix
ISLE St. PIERRE
Pigeon
le Gros Rocher noir
Isle aux Bours
le Petit Rocher noir
Isle aux Chiens
Pointe Verte
Teste de Galantry
Pointe aux Seches
Cap Berniche
le Petit Havre
La Grande et la Petite Miquelon
ne faisoient qu'une seule Isle qui
a été separée en deux par la Mer.

CARTE DE
L'ISLE St. PIERRE
Echelle d'une demie Laeue Commune
Pointe aux Seches
Cap Berniche
Pte Verte
la Teste Rouge
Anse du St Ouest
Pte du Sud Ouest
la Pointe du pt Havre
le Petit Havre
ISLE
St PIERRE
Maison du Gouverneur
Barachois
Petrillon
I aux Moules
I. Massacre
Cap a l'Aigle
la Teste de Chves
Rocher St Pierre
Teste de Galantry
Pointe Cronier
Isle aux Chiens
I. aux Bours
les Canailles
Isle aux Pigeons
les Rochers escarpées
le Grand Colombier
Pointe a la Croix
Pte Colombier
le Gros Rocher Noir
le Petit Rocher Noir
Basse sur laquelle il ne reste
qu'une brasse et demie d'eau

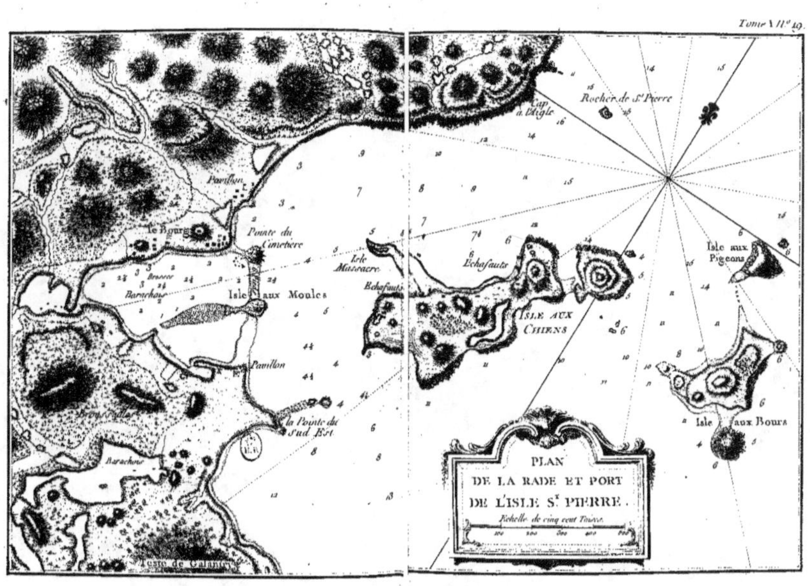

Tome XII.º 49.
Cap à l'Aigle
Rocher de St Pierre
Pavillon
le Bourg
Pointe du Cimetiere
Isle Massacre
Isle aux Moules
Barachois
Echafauts
Echafauts
Isle aux Chiens
Isle aux Pigeons
Isle aux Bours
Pavillon
la Pointe du Sud Est
Barachois
Terre de Canada
PLAN
DE LA RADE ET PORT
DE L'ISLE St PIERRE.
Echelle de cinq cent Toises.
100   200   300   400   500

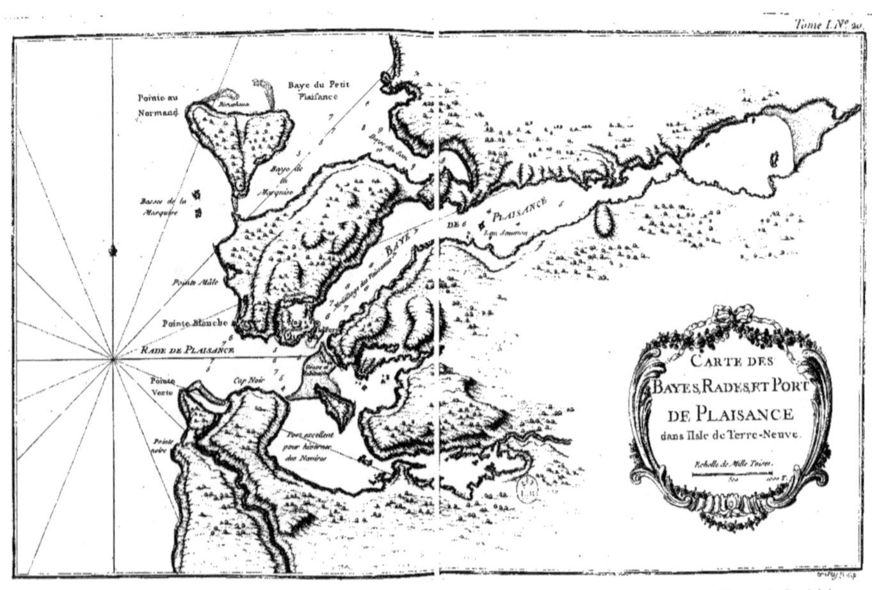

Pointe au Normand
Baye du Petit Plaisance
Biscahaua
Baye de la Marquise
Basse de la Marquise
Pointe Mâle
Pointe Blanche
RADE DE PLAISANCE
Pointe Verte
Cap Noir
Pointe noire
Port excellent pour hiverner des Navires
Baye du Sud
BAYE DE 6 PLAISANCE
Mouillage du Vaisseau
CARTE DES BAYES, RADES, ET PORT DE PLAISANCE dans l'Isle de Terre-Neuve.
Echelle de Mille Toises.
500   1000 T.

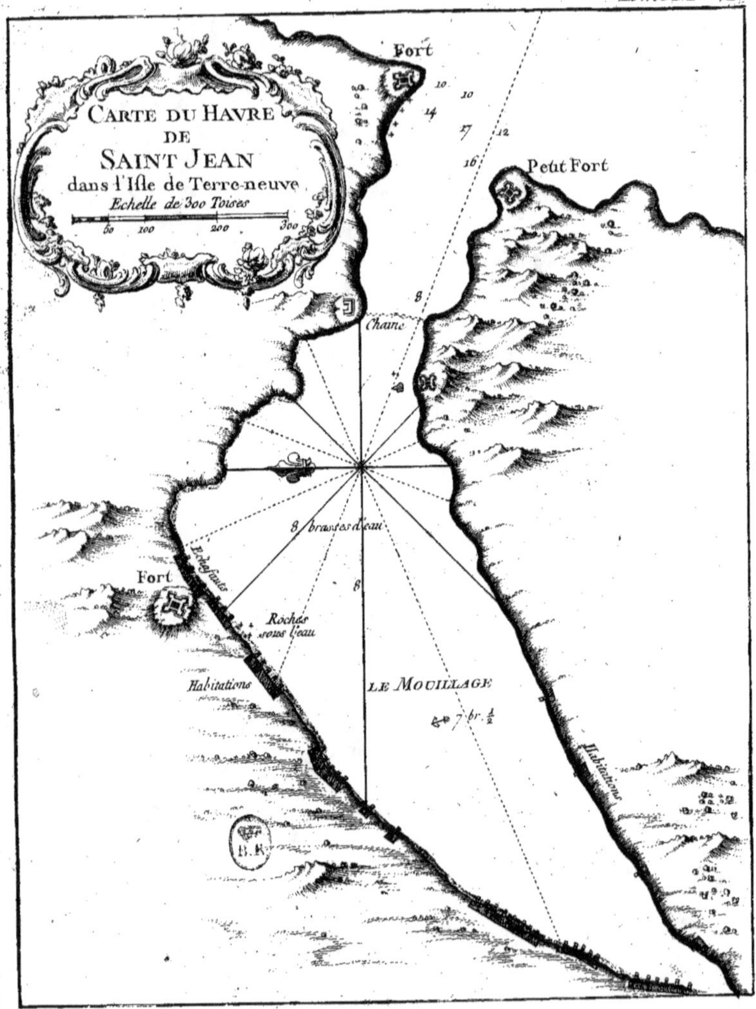
CARTE DU HAVRE
DE
SAINT JEAN
dans l'Isle de Terre-neuve
Echelle de 300 Toises
50 100 200 300
Fort
Petit Fort
Chaine
Fort
8 brasses d'eau
Enseignes
Roches sous l'eau
Habitations
LE MOUILLAGE
7 br. ½
Habitations

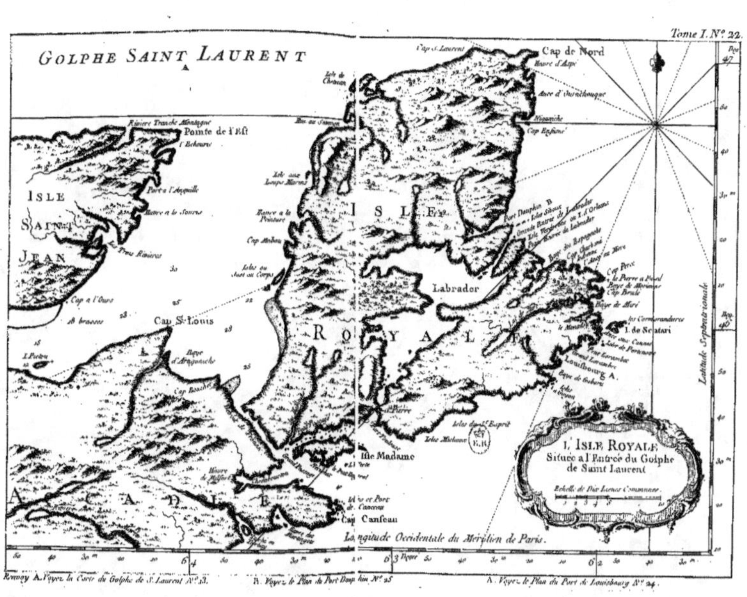

Tome I. N.º 22.
GOLPHE SAINT LAURENT
Cap S. Laurent
Cap de Nord
Havre d'Aspe
Anse d'Ouachkouque
Nipaniche
Cap Egsfione
Isle de Chasson
Riviere Trenche Montagne
Pointe de l'Est
L'Echoure
Rau au Saumon
ISLE SAINT JEAN
Port a l'Anguille
Batture a la Source
Trois Rivieres
Isle aux Loups Marins
Anse a la Pointure
Cap Archou
ISLE
Port Dauphin B.
Isle Séhou
Grande Entrée de Labrador
Isles Verderie ou S. d'Orleans
Baye d'Orleans ou Labrador
Cap a l'Ours
Isles ou Sart au Corps
Cap S. Louis
Baye d'Artiguanache
Cap Boular
ROYALE
Labrador
Les Batyjuurde
Cap Peré
le Pierre a Poul
Bayes de Morienne
Cap Brulé
Baye de Mré
Les Commanderes
Cap a Conwal
I. de Scatari
Baye Larembe
Louisbourg A.
Baye de Gabara
Isles a Pierron
J. Pierru
Houre Miffaisi
ACADIE
Isle Madame
Cap Canseau
Havre et Port
de l'Anceou
Isle et Port de l'Esprit
Isle Micheaue
S. Pierre
Latitude Septentrionale
Longitude Occidentale du Meridien de Paris.
L'ISLE ROYALE
Située a l'Entrée du Golphe
de Saint Laurent
Echelle de Dix Lieues Communes.
Renvoy A. Voyez la Carte du Golphe de S. Laurent N.º 13.
B. Voyez le Plan du Port Dauphin N.º 25.
A. Voyez le Plan du Port de Louisbourg N.º 24.

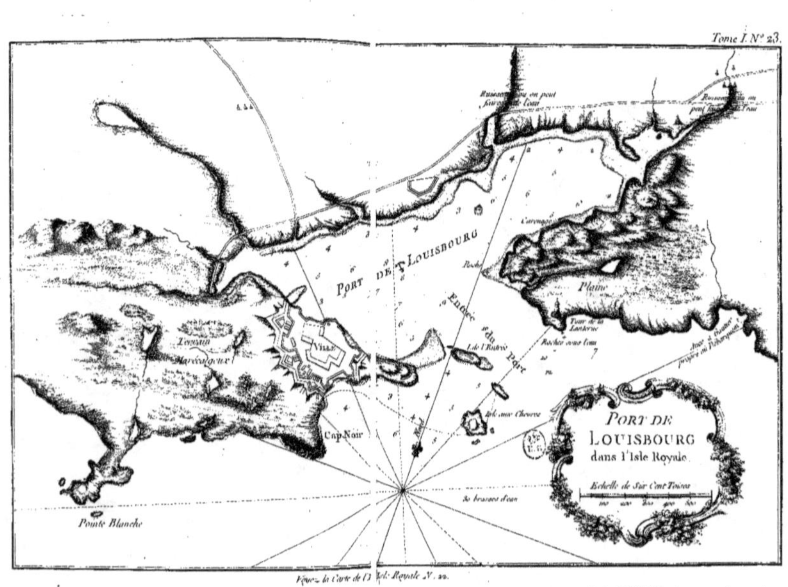
Ruisseau ou on peut faire de l'eau
Ruisseau ou on peut faire l'eau
Port de Louisbourg
Caremay
Plaine
Roche
Tour de la Lanterne
Rocher sous l'eau
Entrée du Port
I. de l'Entrée
anse et Gravier propre au Débarquement
Terrain Marécageux
VILLE
I.le aux Chevres
Cap Noir
30 brasses d'eau
Pointe Blanche
PORT DE LOUISBOURG
dans l'Isle Royale.
Echelle de Six Cent Toises
100   200   300   400   500
Voyez la Carte de l'Isle-Royale N. 22.

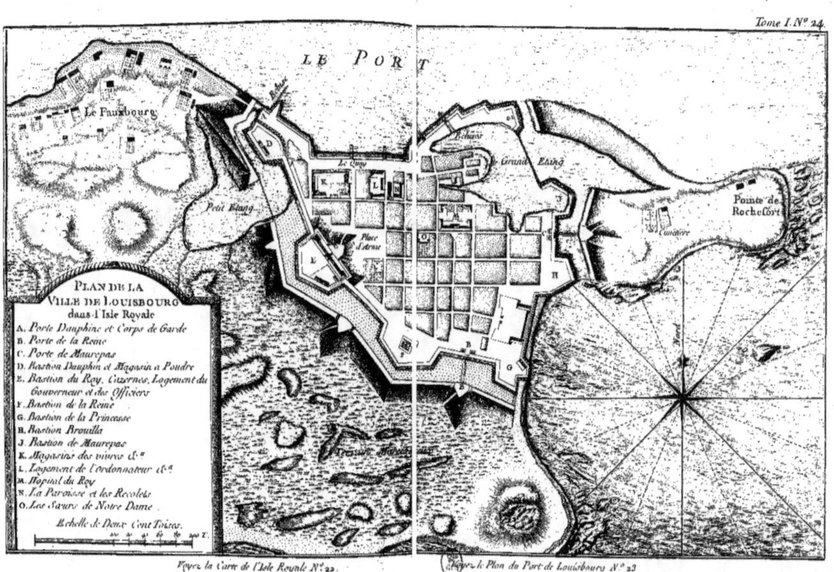

Tome I. N.º 24.
LE PORT
Le Fauxbourg
Petit Etang
Le Quay
Place d'Arme
Le Grand Etang
Cimetière
Pointe de Rochefort
PLAN DE LA
VILLE DE LOUISBOURG
daus l'Isle Royale
A. Porte Dauphine et Corps de Garde
B. Porte de la Reine
C. Porte de Maurepas
D. Bastion Dauphin et Magasin a Poudre
E. Bastion du Roy, Cazernes, Logement du
Gouverneur et des Officiers
F. Bastion de la Reine
G. Bastion de la Princesse
H. Bastion Brouilla
J. Bastion de Maurepas
K. Magasins des vivres &.ª
L. Logement de l'ordonnateur &.ª
M. Hopital du Roy
N. La Paroisse et les Recolets
O. Les Sœurs de Notre Dame
Echelle de Deux Cent Toises.
Voyez la Carte de l'Isle Royale N.º 22.
Voyez le Plan du Port de Louisbourg N.º 23

BAYE STE ANNE
ou LE PORT DAUPHIN
dans l'Isle Royale

A. Paroisse Ste Anne et Fort Dauphin
B. Etang et Grave de Courtau
C. Carrieres de Pierre a Chaux
D. Pointe ou il y a du Plâtre
E. Chantier ou l'on a construit une frégate de
   26 Canons et autres petits batimens
F. Carenage
G. Pointe Brulée
H. Pointe Beaucourt
J. Ruisseau a la Pucelle

Echelle d'une Lieue commune

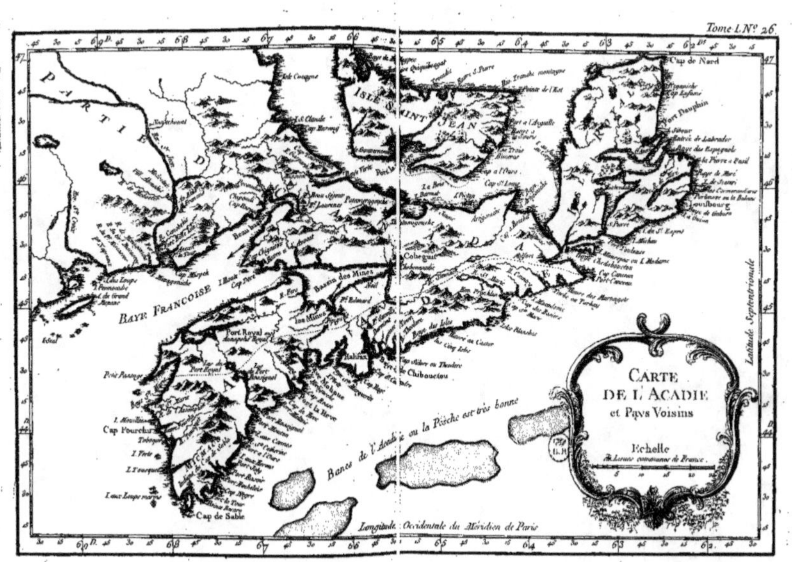

CARTE
DE L'ACADIE
et Pays Voisins

Echelle
de Lieues communes de France.

Longitude Occidentale du Méridien de Paris
Latitude Septentrionale
BAYE FRANCOISE
ISLE SAINT JEAN
PARTIE D
Bancs de l'Acadie ou la Pêche est très bonne
Cap de Nard
Cap de Sable
Port Royal
Halifax

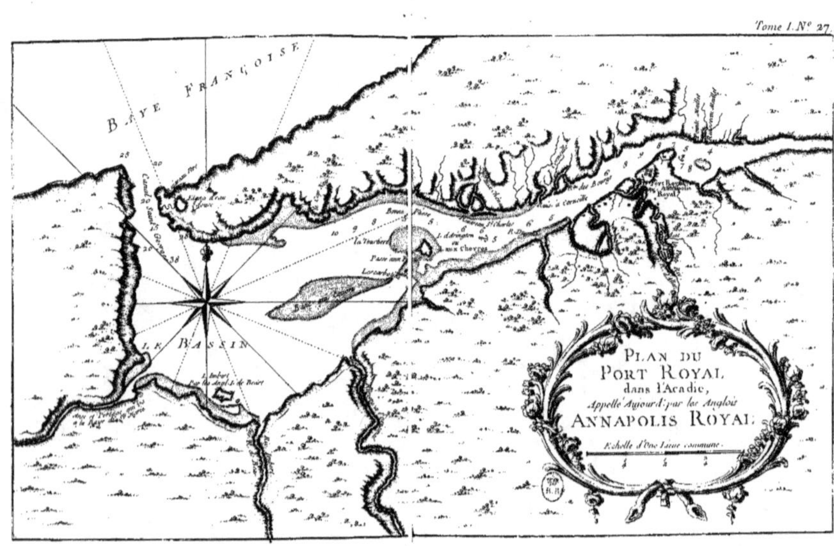
BAYE FRANÇOISE
PLAN DU
PORT ROYAL
dans l'Acadie,
Appellé Aujourd'huy par les Anglois
ANNAPOLIS ROYAL
Echelle d'Une Lieue commune
LE BASSIN

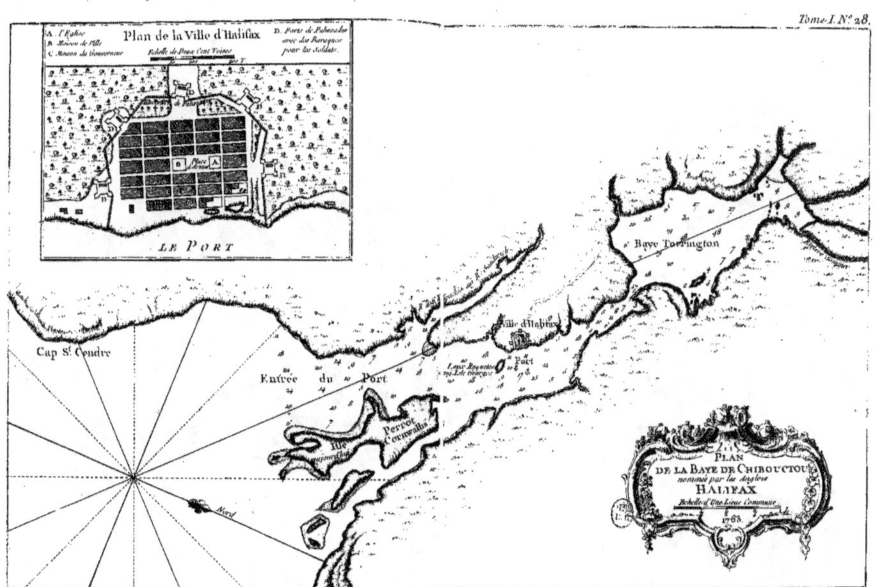
Plan de la Ville d'Halifax
A. l'Eglise
B. Maison de Ville
C. Maison du Gouverneur
D. Forts de Palissades avec des Barraques pour les Soldats.
Echelle de Deux Cent Toises
LE PORT
Baye Torrington
Cap S.t Cendre
Ville d'Halifax
Entrée du Port
Port
Ile Cornwallis
Perrot Cornwallis
Nord
PLAN
DE LA BAYE DE CHIBOUCTOU
nommée par les Anglois
HALIFAX
Echelle d'Une Lieue Communne
1763.

CARTE DE LA
NOUVELLE ANGLETERRE
NEW YORK
PENSILVANIE
ET NOUVEAU JERSAY
Suivant les Cartes Angloises
Echelle de Vingt cinq Lieues Communes
LAC ONTARIO
Fleuve de St. Laurent
Lac du St. Sacrement
Albany
PENSILVANIE
VIRGINIE
Philadelphie
JERSAY
MASSACHUSET BAY
CONNECTICUT
LONGUE ISLE
Cap Anne
Havre de Baston
Cap Cod
Baye de Barnstable
Rhode
Baye de Sagadahoc
Baye Casco
Cap Nedic
Bay Piscacat
Banc de Nantucket
I. Marthas Vineyard
Longitude Occidentale du Meridien de Paris

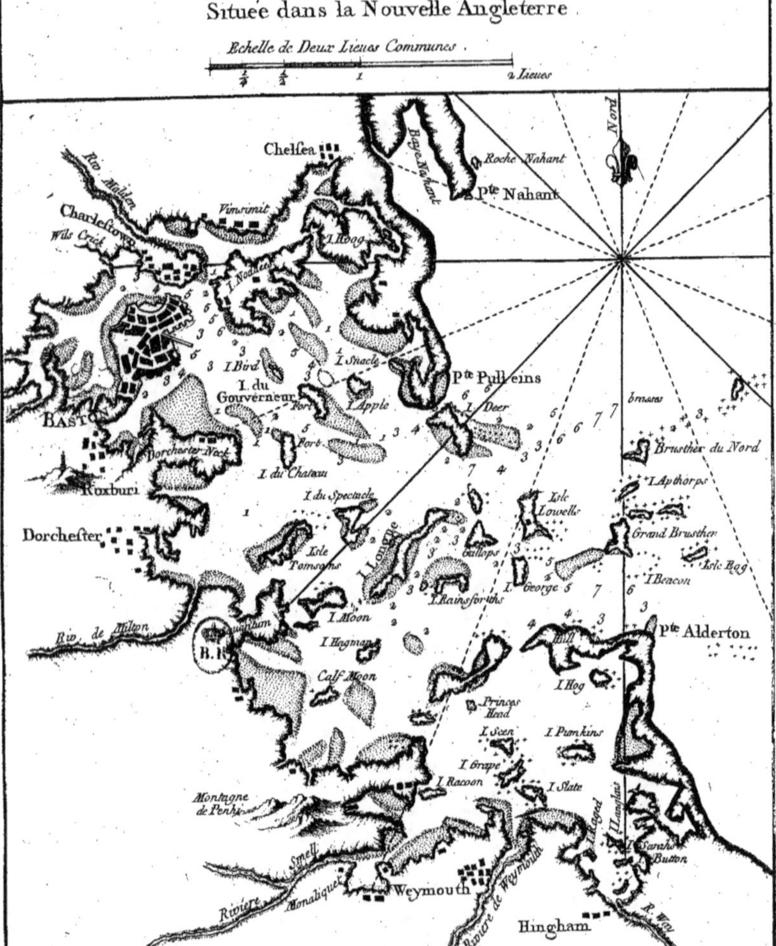

CARTE DE LA BAYE DE BASTON
Située dans la Nouvelle Angleterre.
Echelle de Deux Lieues Communes.
1/4   1/2   1   2 Lieues
Chelsea
Baye Nahant
Roche Nahant
P.te Nahant
Rio Malden
Vinsimit
Charlestown
Wils Crick
I. Hoog
I. Nodles
Nord
I. Snacly
I. Bird
I. du Gouverneur
Fort
I. Apple
P.te Pulleins
I. Deer
brasses
BASTON
Fort
Fort
Brusther du Nord
Dorchester Neck
I. du Chateau
I. Apthorps
Roxburi
I. du Spectacle
Isle Lowells
Grand Brusther
Dorchester
Isle Tomsons
Longue
Gallops
Isle Hag
I. George
I. Beacon
Riv. de Milton
I. Moon
I. Rainsforths
P.te Alderton
I. Hagman
Hill
B.H.
I. Hog
Calf Moon
Princes Head
I. Scen
I. Pumkins
I. Grape
I. Slate
I. Racoon
Montagne de Penh.
Nantati
I. Sarah Button
Smelt
Riviere Monaliquet
Weymouth
Riviere de Weymouth
R. Way
Hingham

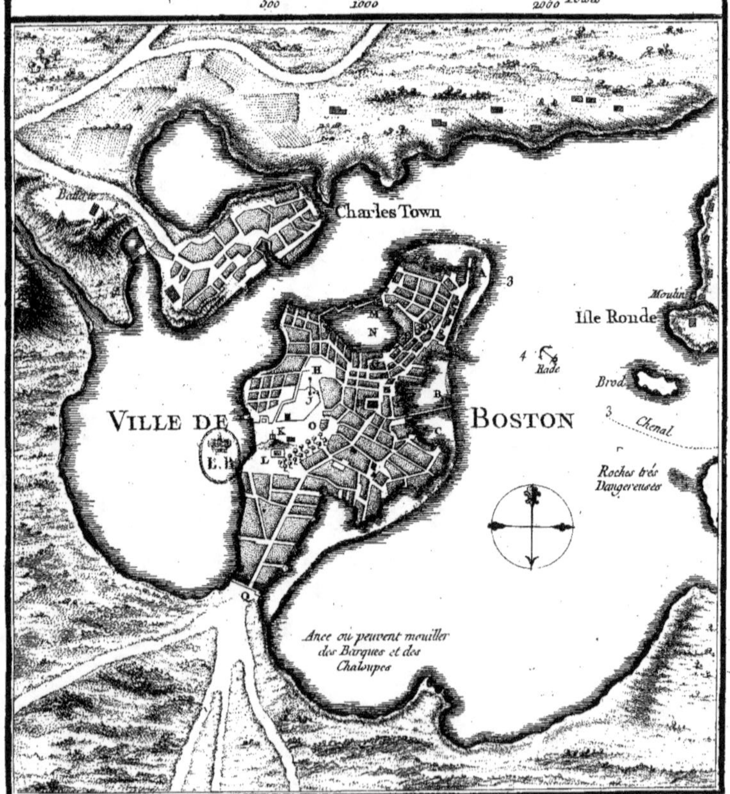
PLAN DE LA VILLE DE BOSTON
A. Batt.° de 25 Pieces de C.°
B. Batt. de 16 Pieces de Can.°
C. Batt. de 25 Pieces
D. Temple des Présbiteriens
E. Temple des Quaquers
F. Maison de Ville
G. Temple des Anabaptistes
H. Place d'Armes
J. Fanal
K. Guerite elevée et Sentinelle
L. Magasin a Poudre
M. Moulin et Digue
N. Bassin qui asseche
O. Prisons
P. Autre Temple des Presbiteriens
Q. Porte de Terre
Echelle de deux Mille Toises.
500
1000
2000 Toises
Batterie
Charles Town
Ville de
Boston
Isle Ronde
Moulin
Rade
Brod.
Chenal
Roches trés Dangereuses
Ance ou peuvent mouiller des Barques et des Chaloupes

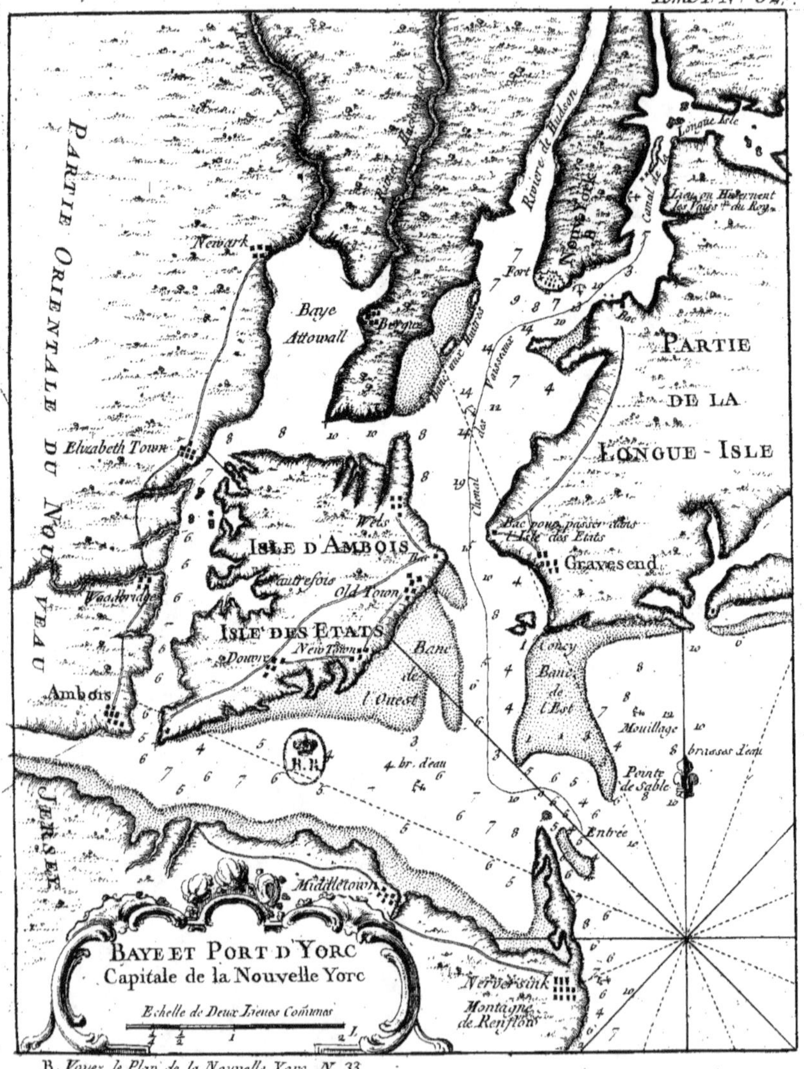
PARTIE ORIENTALE DU NOUVEAU
Riviere de Hudson
Nonte York
Canal de la
Longue Isle
Lieu ou Hivernent les Vais.ʳ du Roy
Newark
Fort
Baye Attowall
Bergen
Ligne aux Huitres
Chenal dar Passeromar
PARTIE
DE LA
LONGUE - ISLE
Elizabeth Town
Isle D'Ambois
Wols
Bac pour passer dans l'Isle des Etats
Gravesend
autrefois
Old Town
Bac
Woodbridge
Isle des Etats
Douvre
New Town
Banc
de
l'Ouest
Ambois
Concy
Banc de l'Est
Mouillage
brisses l'eau
Pointe de Sable
4. br. d'eau
JERSEY
Entree
Middletown
BAYE ET PORT D'YORC
Capitale de la Nouvelle Yorc
Nerversink
Montagne de Renflon
Echelle de Deux Lieues Comunes

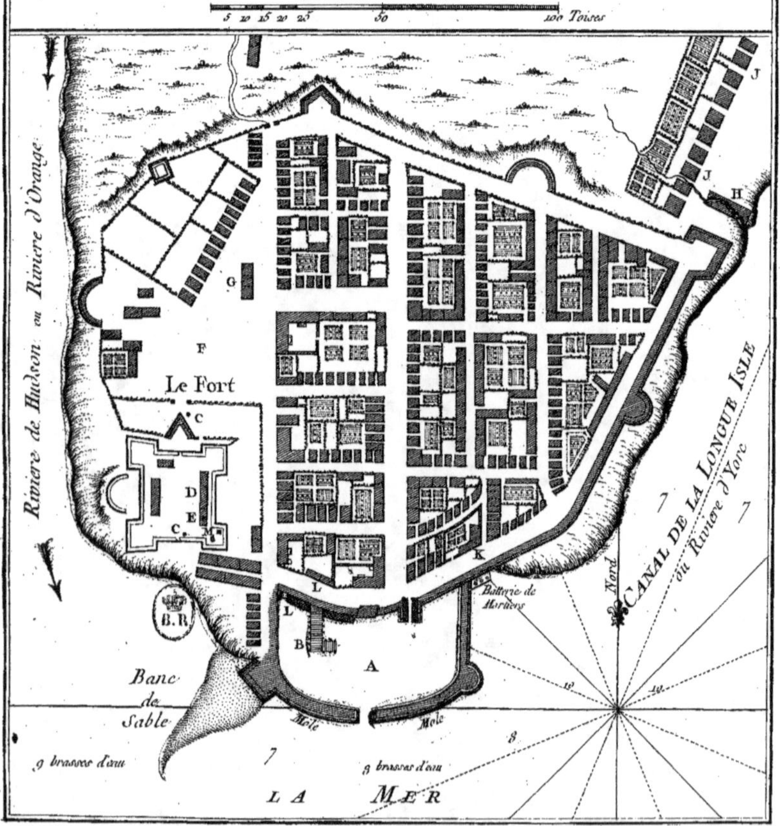
VILLE DE MANATHE ou NOUVELLE-YORC
A. Le Port des Barques
B. Pont pour décharger les Barques
C. Fontaines ou Puids
D. Maison du Gouverneur
E. Le Temple
F. Place d'Armes
G. Boucherie a débiter
H. Boucherie a tuer
J. la Basse Ville
K. Maison de Ville
L. Douane et Magasins
M. Magasins a Poudre
Echelle de Cent Toises
5 10 15 20 25   50   100 Toises
Rivière d'Orange
Rivière de Hudson ou Rivière d'Orange
Le Fort
B.B.
Banc de Sable
9 brasses d'eau
Môle
Môle
3 brasses d'eau
Batterie de Mortiers
Nord
CANAL DE LA LONGUE ISLE ou Rivière d'Yorc
LA MER

PENSILVANIE
Etablissement de la Compagnie de Schuilkill
Chemin de Haverford
Habitations
Moulin
Chemin
Bac
Bac
la Belle Butte
Maison Seigneuriale
VILLE DE PHILADELPHIE
Sucrerie
Moulin
Kensington
Cuney's Run
le Chenal
le Mouillage
le Quay
Petite Isle
Bac
Bac
TERRITOIRE
Habitations
DE
PASSYUNK
Rivière Schuylkill
TERRITOIRE
DE
Batterie
Crique de l'Hermitage
Bocage
Crique du Foin
JERSEY OCCIDENTAL
Powel
Ellis
Cr. Newton
Hopital des Pestiferés
Isle du Charpentier
I. des Cochons
Isle de la Vase
MOYAMENSING
Maison de la Pointe
Bac
Gloucester Village
Crique des Wollington
Isle des Aigles
RIVIERE DE DELAVARE
dans laquelle des bâtimens de 600 Tonneaux peuvent entrer
Pointe des Aigles
Crique du Mervin
PLAN
DE PHILADELPHIE ET ENVIRONS
Echelle d'Une Lieue Commune)
Voyez la Carte du Nouveau Jersay. Nº

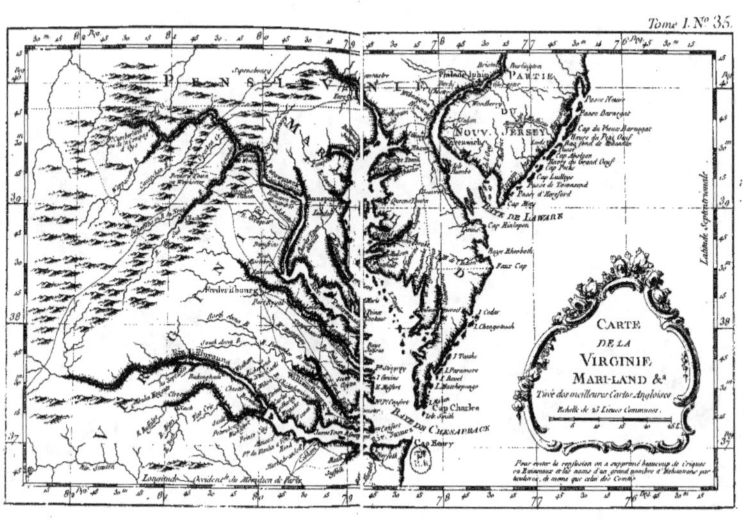

PENSILVANIE
NOUV. JERSEY
PARTIE
Philadelphie
BAYE DE LAWARE
Cap May
Cap Hinlopen
Baye Rhoebath
Faux Cap
Frederixbourg
Baye de Chesapeack
Cap Charles
Cap Henry
CARTE
DE LA
VIRGINIE
MARI-LAND &.ª
Tiré des meilleures Cartes Angloises.
Echelle de 25 Lieues Communes.
Pour éviter la confusion on a supprimé beaucoup de Criques
ou Ruisseaux et les noms d'un grand nombre d'Habitations par
ticulieres, de même que celui des Comtés.
Latitude Septentrionale
Longitude Occidentale du Méridien de Paris

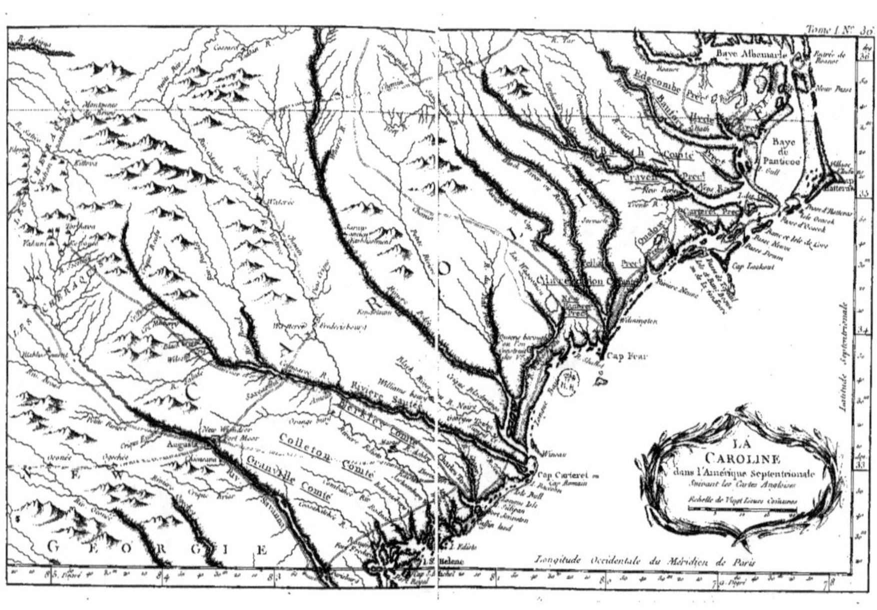

LA
CAROLINE
dans l'Amérique Septentrionale
Suivant les Cartes Angloises
Echelle de Vingt Lieues Communes
Longitude Occidentale du Méridien de Paris
Latitude Septentrionale
GEORGIE
Baye Albemarle
Baye du Pamticoe
Cap Fear
Cap Carteret
Wilmington
Colleton Comté
Granville Comté
Berkley Comté
Rivière Santé

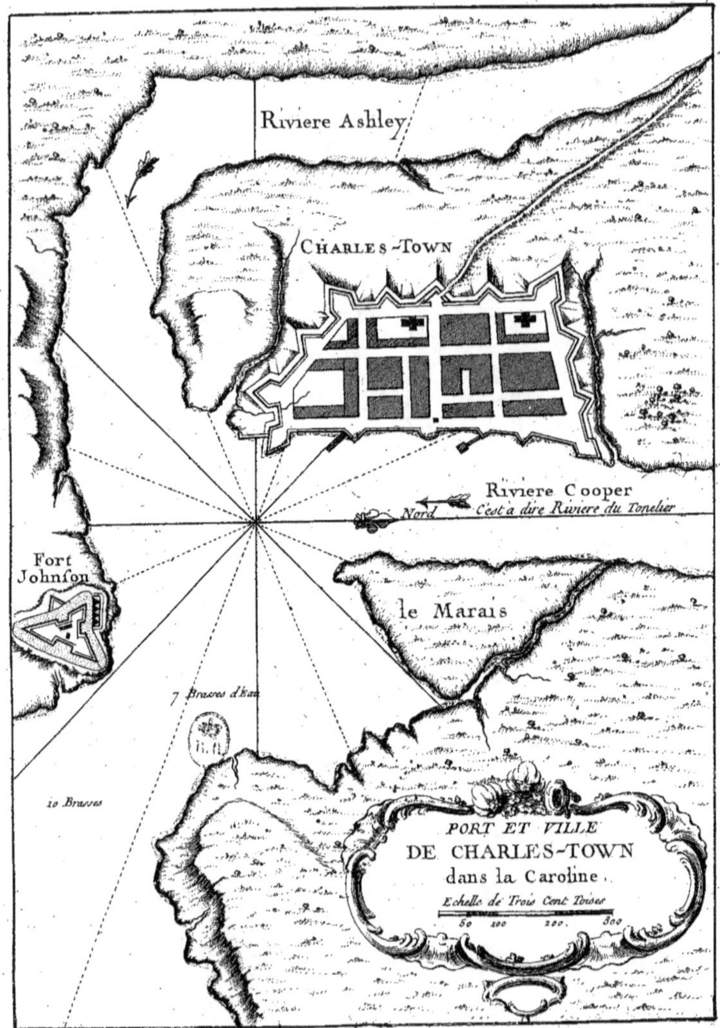

Riviere Ashley
CHARLES-TOWN
Riviere Cooper
Nord
C'est a dire Riviere du Tonelier
Fort Johnson
le Marais
7 Brasses d'Eau
10 Brasses
PORT ET VILLE
DE CHARLES-TOWN
dans la Caroline.
Echelle de Trois Cent Toises
50   100   200.   300

CARTE
DE LA NOUVELLE
GEORGIE.
Echelle de Lieues Communes
5   10   15 L.
Fort Moore
Augusta
Chicasava
Riv. Savannah
Crique Bryard
NOUVELLE
GEORGIE
Riv. Ogechee
Riv. Ocmee
Latitude Septentrionale
la Fourche
R. Ocmulgee
Riv. Alatahama
ou R. George
R. Edisto
Riv. Salchatchers
R. de Port Royal
Edmondsburg
R. Aspoo
Radnor
Beaufort
Port Frederic
R. Aldborough
Ebeneser
Vieux Ebeneser
Abercorn
Purisburg
R. May
Joseph Town
F. Argyll
Savannah
F. du Roi George
Darien
Entrée de St. Helene
I. St. Helene
Cap S. Michel
Port Royal
I. Trench
I. Daufuskée
I. Tibée
I. Wilmington
I. Wassa
I. Ossabaw
I. de St. Catherine
I. Sapola
Petit S. Simon
I. S. Simon
Frederica
I. Jekil
Entrée de Jekil
F. S. André
I. de Cumberland
Fort Guillaume
I. Amelie
I. Talbot
Fort S. Georges
Limites de la Georgie en 1738
Chemin de Savannah a S. Augustin
R. S. Jean
T. Diego
S. Francois de la Puya
F. Picolata
R. S. Sebastian
S. Augustin
Pointe Cartel
Moosa
la Barre
Isle St. Anastasie
FLORIDE
Nord
Longitude Occidentale du Meridien de Paris

Tome I. N.º 39.
PLAN DU PORT DE St. AUGUSTIN
dans la Floride.
Echelle d'une Lieue Commune
1/4   1/2   L
Rivier Dieu
Eglise des Indiens
le Fort
LA VILLE DE St AUGUSTIN
Riv. St Sebastien
Pont de Bois
Monastere
Piods d'eau
Balise
Caniche
ISLE DE MATANCE ou St ANASTASIE
Banc du Nord
Piods d'eau
Piods d'eau de Basse Mer
Banc du Sud
Pieds d'eau
Nord

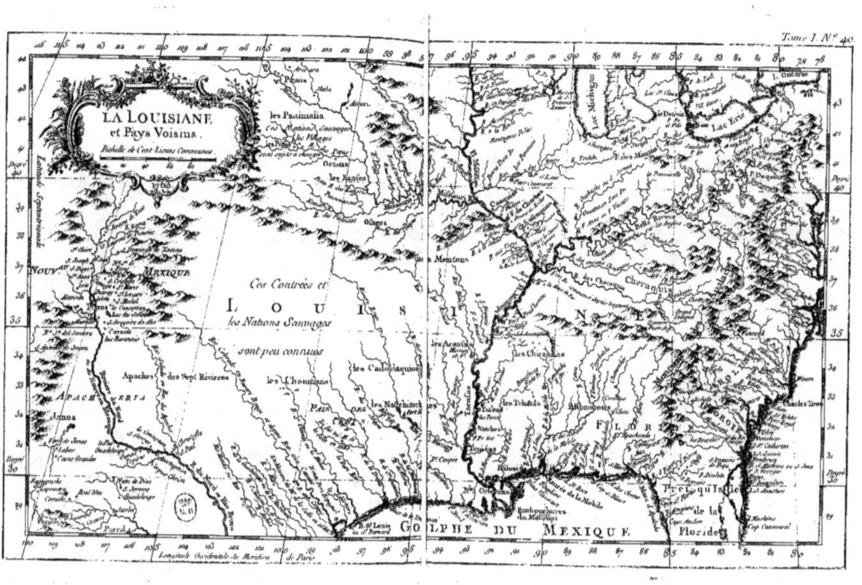
LA LOUISIANE
et Pays Voisins.
Echelle de Cent Lieues Communes.
1700
Latitude Septentrionale
Nouv. MEXIQUE
APACHERIA
Ces Contrées et
L O U I S I A N E
les Nations Sauvages
sont peu connus
les Panimaha
les Apaches des Sept Rivieres
les Comanches
les L'hommans
les Cadodaquiou
les Natchitoches
Cheraquis
les Chicachas
FLORIDE
GEORGIE
Lac Michigan
Lac Erié
L. Ontario
Presqu'Isle
C.e de la
Floride
GOLPHE DU MEXIQUE
Longitude Occidentale du Méridien de Paris

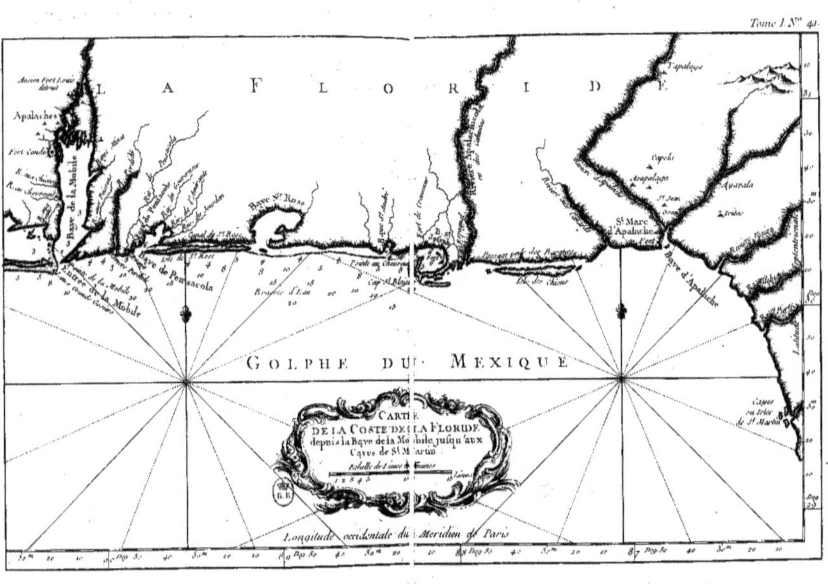

Tome I. N.º 41.
LA FLORIDE
GOLPHE DU MEXIQUE
CARTE
DE LA COSTE DE LA FLORIDE
depuis la Baye de la Mobile jusqu'aux
Cayes de St Martin
Echelle de Lieues de France
Longitude occidentale du Meridien de Paris
Ancien Fort Louis détruit
Apalaches
Fort Condé
Baye de la Mobile
Entrée de la Mobile
Baye de Pensacola
Baye St Rose
St Rose
Brasses d'Eau
Cap St Blaise
St Marc d'Apalache
Baye d'Apalache
Isle des Chiens
Tapalaga
Copole
Asapolagu
Ayavala
Cayes ou Isles de St Martin

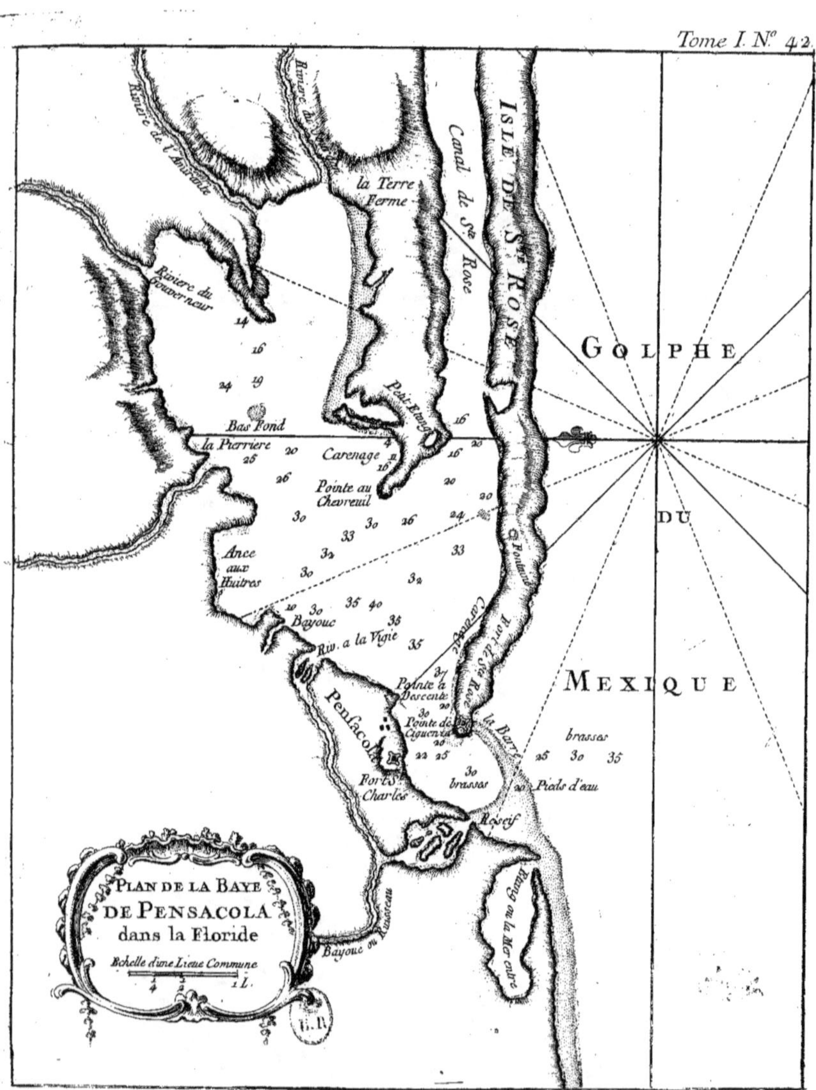

Tome I. N.º 42.
ISLE DE S.te ROSE
Canal de S.te Rose
Riviere de l'Amirauté
la Terre Ferme
Riviere du Gouverneur
Petit Estang
Bas Fond
la Pierriere
Carenage
Pointe au Chevreuil
Ance aux Huitres
Bayouc
Riv. a la Vigie
Pensacol.
Pointe a Descente
Pointe de Ciguenesa
Fort S.t Charles
Fort S.te Rose
Canal
la Barr.
GOLPHE
DU
MEXIQUE
brasses
brasses
Pieds d'eau
Roseif
Bourg ou la Mer entre
Bayouc ou Ruisseau
PLAN DE LA BAYE
DE PENSACOLA
dans la Floride
Echelle d'une Lieue Commune
1 L.

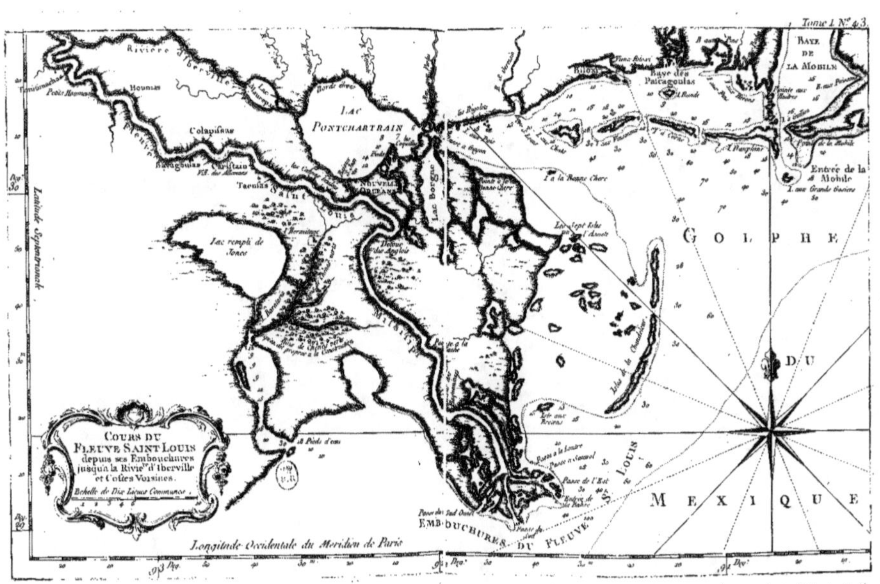

Tome I. N.° 43
Riviere d'Iberville
Petits Houmas
Houmas
Colapissas
Bayagoulas
Tristain
Vill. des Allemans
Taensas
Saint Louis
LAC PONTCHARTRAIN
Bords élevés
Lac Maurepas
Nouvelle Orleans
Lac Borgne
Lac rempli de Jonces
l'Hermitage
Detour des Anglois
Latitude Septentrionale
Longitude Occidentale du Meridien de Paris
Biloxi
Baye des Pascagoulas
BAYE DE LA MOBILE
I. Ronde
Pointe aux Huistres
Entrée de la Mobile
I. aux Grandes Ossieres
I. à la Bonne Chere
Les Sept Isles
GOLPHE DU MEXIQUE
Fleuve St. Louis
EMB. DUCHURES DU FLEUVE
Passe à la Loutre
Passe a Loisuel
Passe de l'Est
Entrée du Nord
Passe du Sud Ouest
A Pieds d'eau
COURS DU FLEUVE SAINT LOUIS
depuis ses Embouchures
jusqu'à la Rivière d'Iberville
et Côtes Voisines.
Echelle de Dix Lieues Communes.
Isles de la Chandeleur

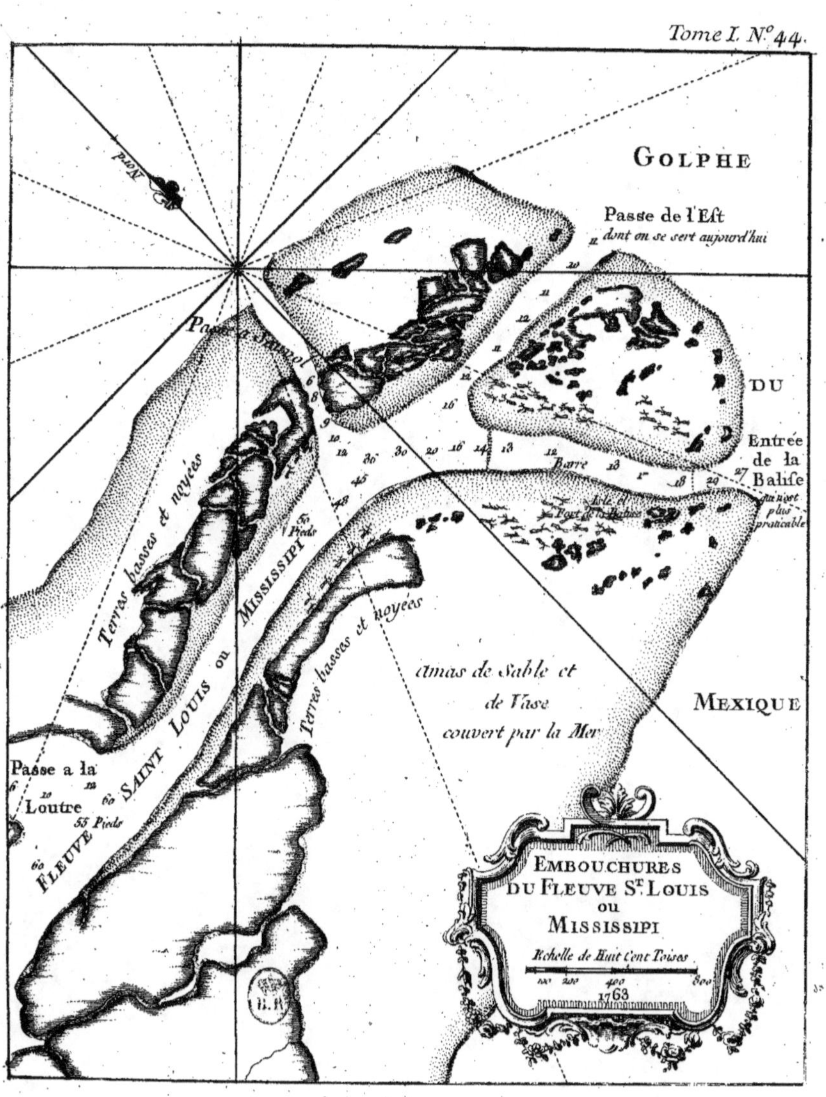
GOLPHE
Passe de l'Est
dont on se sert aujourd'hui
DU
Entrée
de la
Balise
qui n'est
plus
praticable
Passe à l'Sol
Terras basses et noyées
SAINT LOUIS ou MISSISSIPI
Pieds
Terras basses et noyées
amas de Sable et
de Vase
couvert par la Mer
MEXIQUE
Passe a la
Loutre
55 Pieds
FLEUVE
EMBOUCHURES
DU FLEUVE St. LOUIS
OU
MISSISSIPI
Echelle de Huit Cent Toises
100 200   400   800
1763

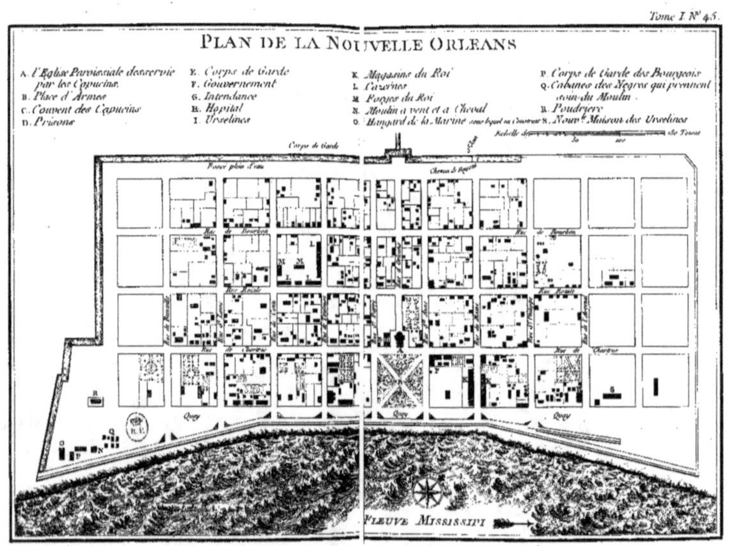

PLAN DE LA NOUVELLE ORLEANS
A. l'Eglise Paroissiale desservie par les Capucins.
B. Place d'Armes
C. Couvent des Capucins
D. Prisons
E. Corps de Garde
F. Gouvernement
G. Intendance
H. Hopital
I. Urselines
K. Magasins du Roi
L. Cazernes
M. Forges du Roi
N. Moulin a vent et a Cheval
O. Hangard de la Marine avec lequel on couvrent
P. Corps de Garde des Bourgeois
Q. Cabanes des Negres qui prennent soin du Moulin.
R. Poudriere
S. Nouv.le Maison des Urselines
Echelle de
Corps de Garde
Fossé plein d'eau
Chemin de Bayou
Rue de Bourbon
Rue Royale
Rue de Bourbon
Rue Royale
Rue de Chartres
Rue de Chartres
Quey
Quey
Quey
FLEUVE MISSISSIPI

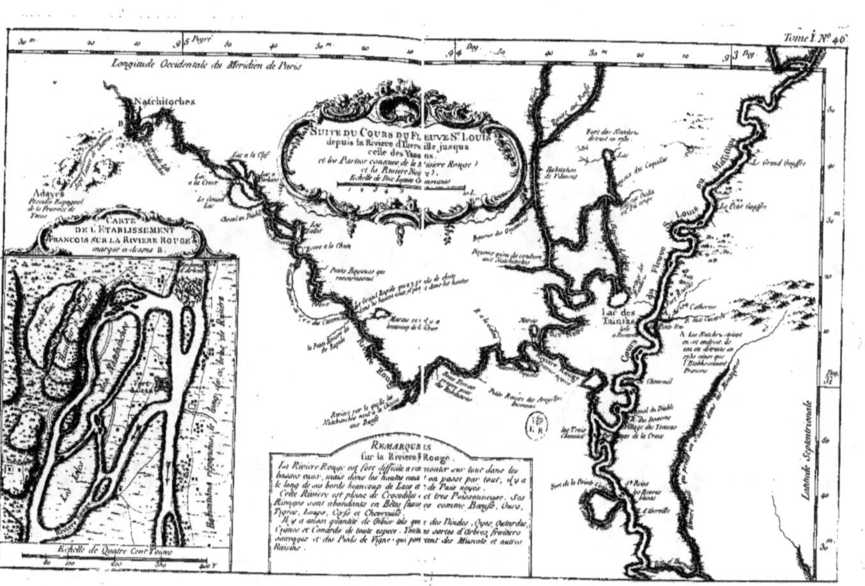

Tome I. N.º 47.
CARTE REDUITE
DU GOLPHE DU MEXIQUE
ET DES
ISLES DE L. AMERIQUE
Par M.B. Ing.ʳ de la Marine
GOLPHE DU MEXIQUE
Tropique du Cancer
NOUVELLE ESPAGNE
MER DU SUD
Echelle de Deux Cent Lieues Communes

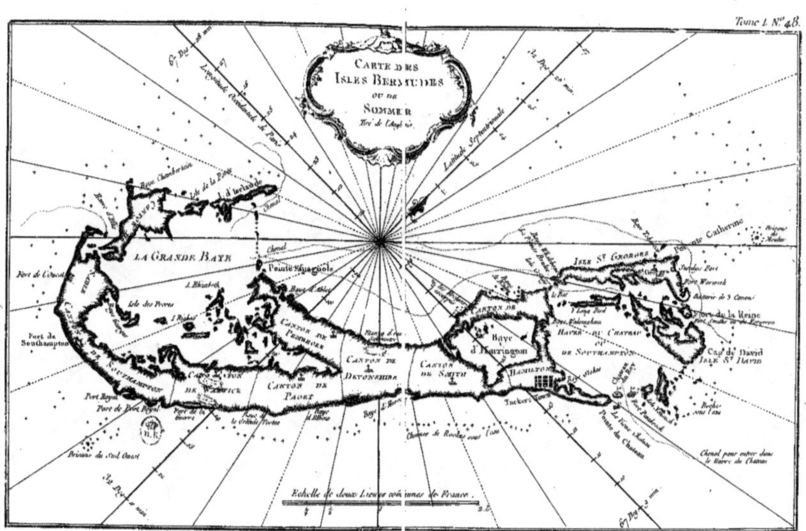

Tome I. N.º 48.
CARTE DES ISLES BERMUDES OU DE SOMMER
Tiré de l'Anglois
Latitude Septentrionale
LA GRANDE BAYE
Baye Chamberlain
Isle de la Brette
Isle d'Irelande
Fort de l'Ouest
Isles des Povres
I. Elizabeth
I. David
Pointe Espagnole
Baye d'Abbey
Canton de Pembroke
Canton de Southampton
Port de Southampton
Canton de Warwick
Cap St. Anne
Canton de Paget
Port Royal
Port de Port Royal
Port de la Guerre
Canton de Devonshire
Canton de Smith
Baye d'Harrington
Isle St. George
Pointe Catherine
Brisans du Moulin
Havre du Château de Southampton
Port de la Reine
Cap du David
Isle St. David
Rochers sous l'eau
Hamilton
Tucker
Chenal pour entrer dans le Havre du Château
Pointe du Château
Brisans du Sud Ouest
Echelle de deux Lieues communes de France

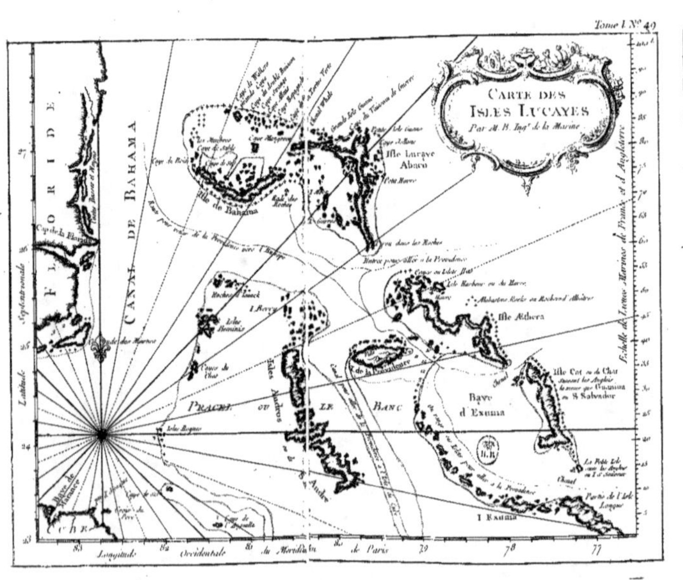

Carte des
Isles Lucayes
Par M. B. Ing.r de la Marine
FLORIDE
CANAL DE BAHAMA
Isle de Bahama
Isle Lucaye Abaco
Isle Æthera
PRACH. OU LE BANC
Baye d'Exuma
I. Exuma
Longitude Occidentale du Meridien de Paris
Latitude Septentrionale

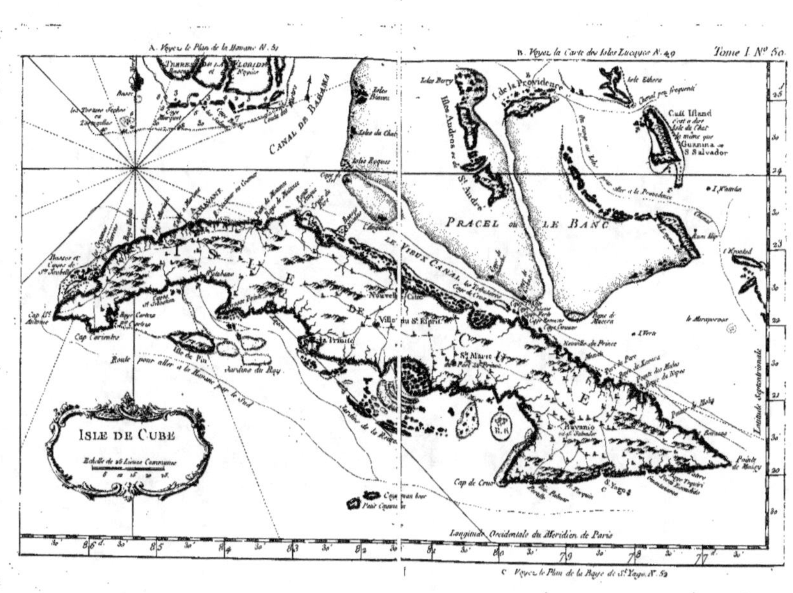

A. Voyez le Plan de la Havane N. 51
B. Voyez la Carte des Isles Lucayes N. 49
Tome I. N° 50.
TERRES DE LA FLORIDE et N. partie
CANAL DE BAHAMA
Isles Bianca
Isles du Chat
Isles Roques
Islas Berry
I. de la Providence
Isle Ethera
Canal peu frequenté
Cull Island c'est a dire Isle du Chat la même que Guanina ou S. Salvador
Islas Andros ou de St. André
PRACEL ou LE BANC
I. Nattea
Aller et la Providence
ISLE DE CUBE
LE VIEUX CANAL ou les Trabucheros
Cap de Crus
Banc de Mucera
le Mirapernos
I. Verte
Nouvelle Cate
Villa du St. Esprit
la Trinité
St. Marie
Neuville du Prince
Port de Pore
Baye de Xinara
Baye de Nipes
le Mole
Cap Corrientes
Cap St. Antoine
Isle de Pin
Jardine du Rey
Jardine de la Reine
Route pour aller et la Havane par le Sud
Bayamo ou St. Salvador
Cap de Crus
C. Yago
Pointe de Maizy
Coque man bow
Petit Cayman
Longitude Occidentale du Meridien de Paris
C. Voyez le Plan de la Baye de St. Yago N. 52
ISLE DE CUBE
Echelle de 25 Lieues Communes

Tome I. N.º 5E.
PORT DE LA HAVANE
dans l'Isle de Cube
Echelle de 500 Toises.
LE PORT
Notre Dame des Regles
Ravasco
Embarcadere de Menu
Isle de Puta
Pieds
piede d'eau
A. Fort du Maure
B. Fort de la Pointe
C. Le Vieux Chateau
D. Batterie du Gouverneur
E. Aigade

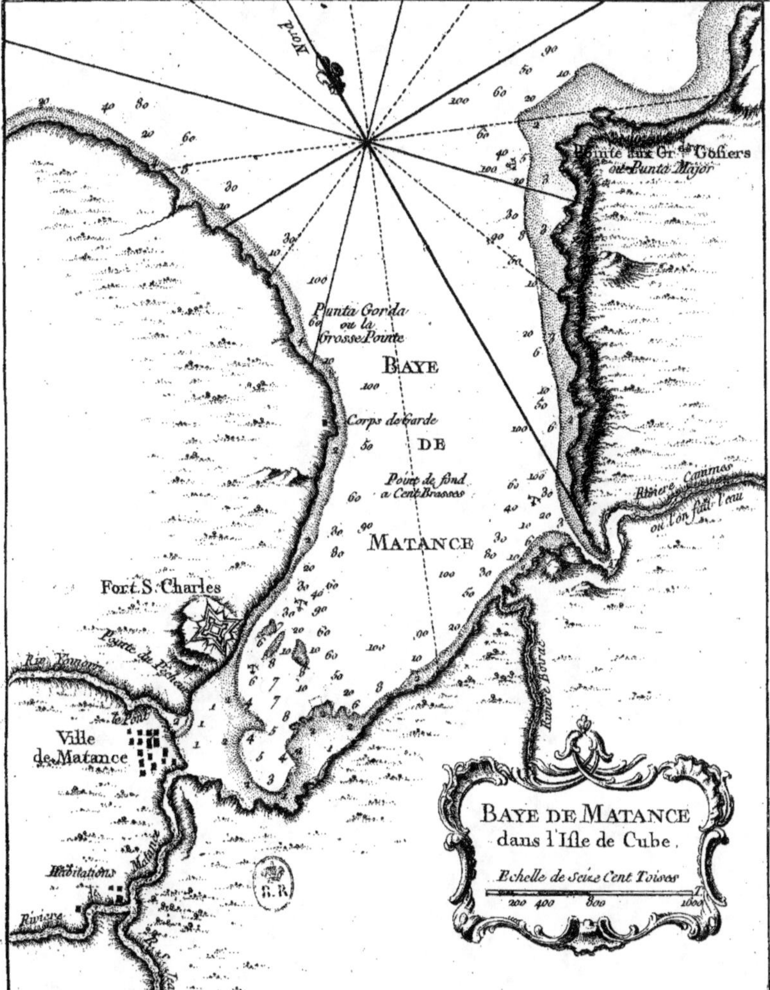

Tome I N.º 52
P.on N
Pointe aux Gr.ds Gosiers ou Punta Major
Punta Gorda ou la Grosse Pointe
BAYE
Corps de Garde
DE
Pointe de fond a Cent Brasses
MATANCE
Fort S. Charles
Pointe du Fort
Riv. Yumuri
le Pont
Ville de Matance
Habitations
Rivière
Rivière Camimos ou l'on fait l'eau
Rivière à Boitras
BAYE DE MATANCE
dans l'Isle de Cube.
Echelle de Seize Cent Toises
200 400   800   1600

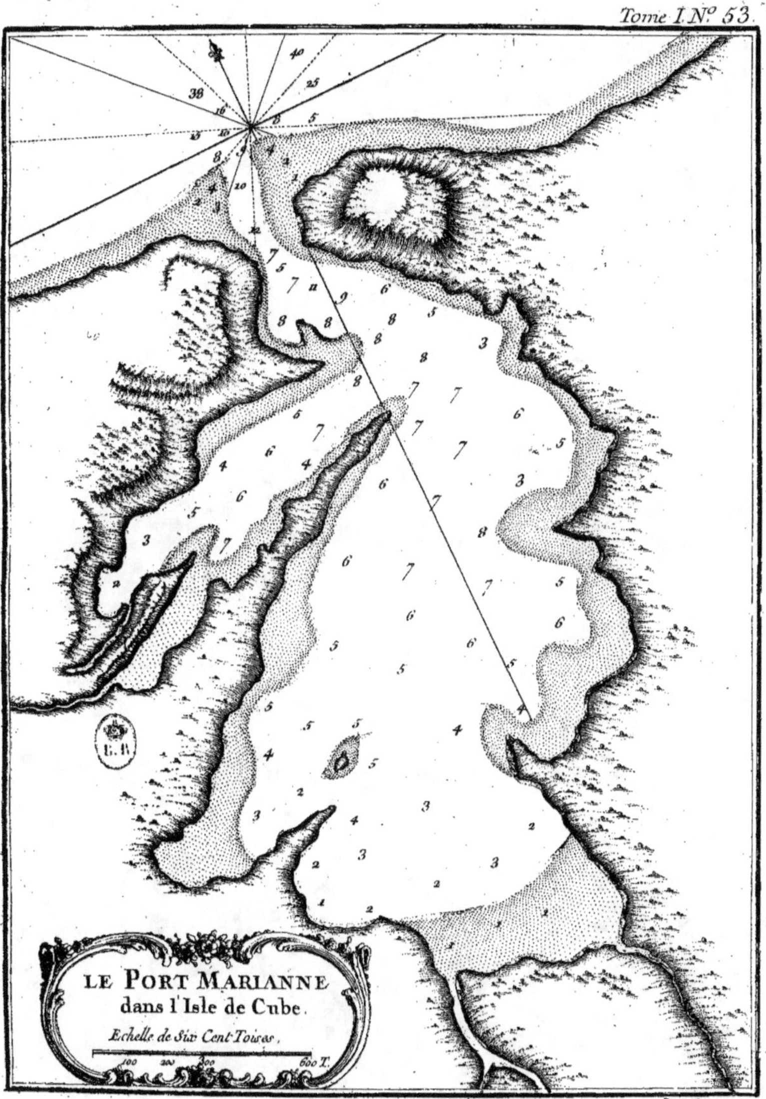

Tome I. No 53.
LE PORT MARIANNE
dans l'Isle de Cube.
Echelle de Six Cent Toises.
100   200   300   600 T.

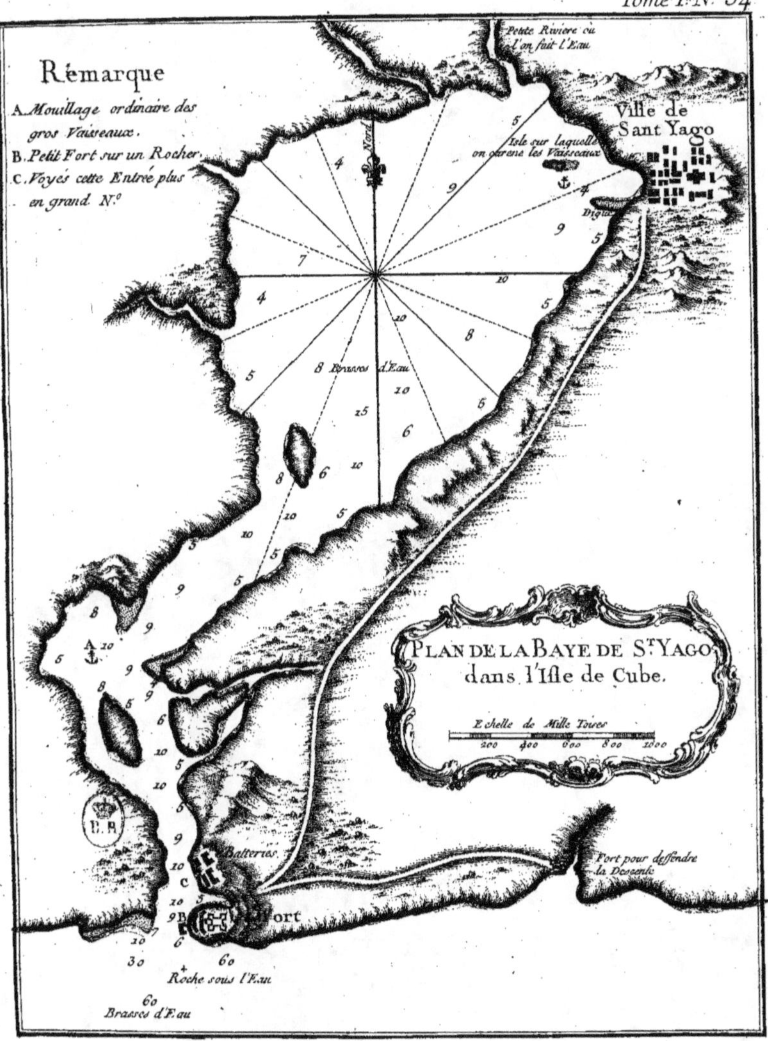
Remarque
A. Mouillage ordinaire des gros Vaisseaux.
B. Petit Fort sur un Rocher.
C. Voyés cette Entrée plus en grand. N.º
Petite Riviere ou l'on fait l'Eau
Ville de Sant Yago
Isle sur laquelle on carene les Vaisseaux
Digue
Nort
Brasses d'Eau
PLAN DE LA BAYE DE St YAGO dans l'Isle de Cube.
Echelle de Mille Toises
200   400   600   800   1000
Port pour deffendre la Descente
Batteries
Fort
Roche sous l'Eau
Brasses d'Eau

Petite Montagne sur la quelle on gouverne pour venir au Mouillage
Balise pour eviter la Pointe du Banc
Mouillage des gros Vaisseaux
10
8
9
5
8
5
6
10
6
8
10
10
5
5
5
5
6
4
9
9
6
5
9
5
10
5
3
10
9
6
4
Chemin du Fort à la Ville de S.t Yago
B
C
A
D
Nord
30
60 br. d'eau
Basse sur la quelle il ny a que 13 pieds d'eau
ENTREE DE LA BAYE DE S.t YAGO, dans l'Isle de Cube.
A. Fort de S.t Pierre de Roc.
B. Fort de S.ta Catherine
C. Fort de la Treille
D. Petit Fort sur un Rocher
Echelle de Quatre Cent Toises
50 200 200 400

Carte de l'Isle de
LA JAMAIQUE
Echelle de Lieues Marines de France
Longitude Occidentale du Méridien de Paris.

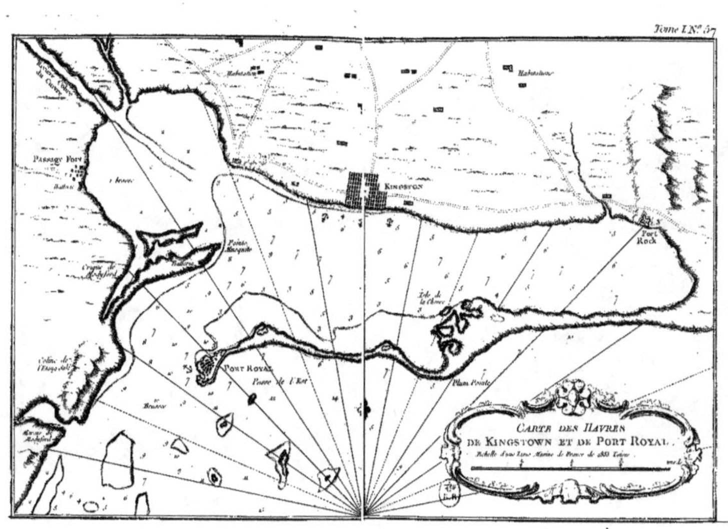

Tome I. N.º 57
Passage Fort
Ballast
Port Royal
Colline de l'Etoquit
Mouve de Molford
Creux de Molford
Habitation
Habitation
KINGSTON
Port Rock
Pointe Mosquite
Pointe de l'Est
Isle de la Chèvre
Plum Pointe
CARTE DES HAVRES
DE KINGSTOWN ET DE PORT ROYAL.
Echelle d'une Lieue Marine de France de 2853 Toises.

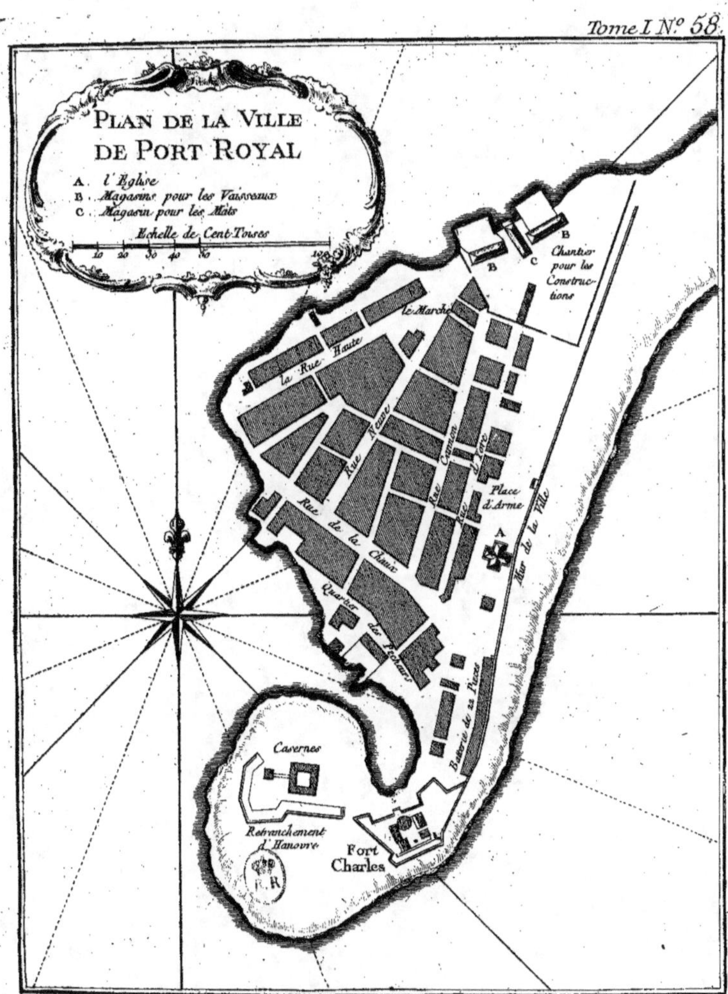
PLAN DE LA VILLE
DE PORT ROYAL
A. l'Eglise
B. Magasins pour les Vaisseaux
C. Magasin pour les Mats
Echelle de Cent Toises
10 20 30 40 50 100
B
B
C
Chantier
pour les
Construc-
tions
le Marché
la Rue Haute
Rue Neuve
Rue Canon
Rue d'Eure
Place
d'Arme
A
Rue de la Chaux
Mur de la Ville
Quartier
des Pêcheurs
Baterie de 22 Piece
Casernes
Retranchement
d'Hanovre
Fort
Charles
R

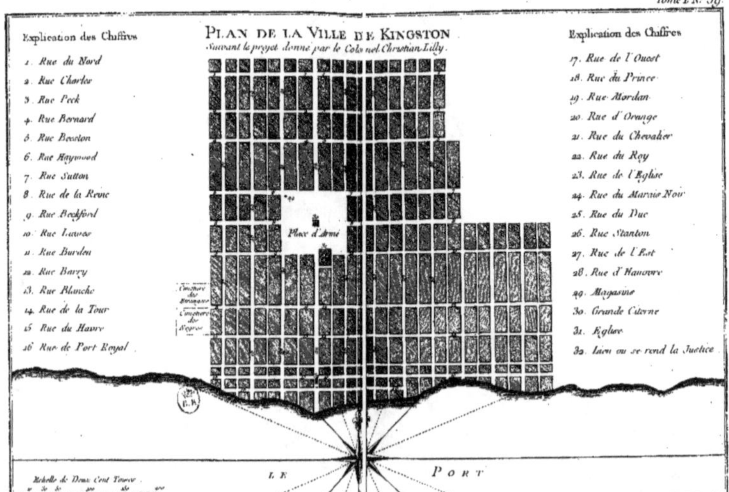

PLAN DE LA VILLE DE KINGSTON
Suivant le projet donné par le Colonel Christian Lilly.

Explication des Chiffres
1. Rue du Nord
2. Rue Charles
3. Rue Peck
4. Rue Bernard
5. Rue Beeston
6. Rue Haywood
7. Rue Sutton
8. Rue de la Reine
9. Rue Beckford
10. Rue Lawes
11. Rue Burden
12. Rue Barry
13. Rue Blanche
14. Rue de la Tour
15. Rue du Havre
16. Rue de Port Royal

Explication des Chiffres
17. Rue de l'Ouest
18. Rue du Prince
19. Rue Mordan
20. Rue d'Orange
21. Rue du Chevalier
22. Rue du Roy
23. Rue de l'Eglise
24. Rue du Marais Noir
25. Rue du Duc
26. Rue Stanton
27. Rue de l'Est
28. Rue d'Hanovre
29. Magasins
30. Grande Citerne
31. Eglise
32. Lieu ou se rend la Justice

Place d'Armé
Cimetiere des Etrangers
Cimetiere des Negres

Echelle de Deux Cent Toises.

LE PORT

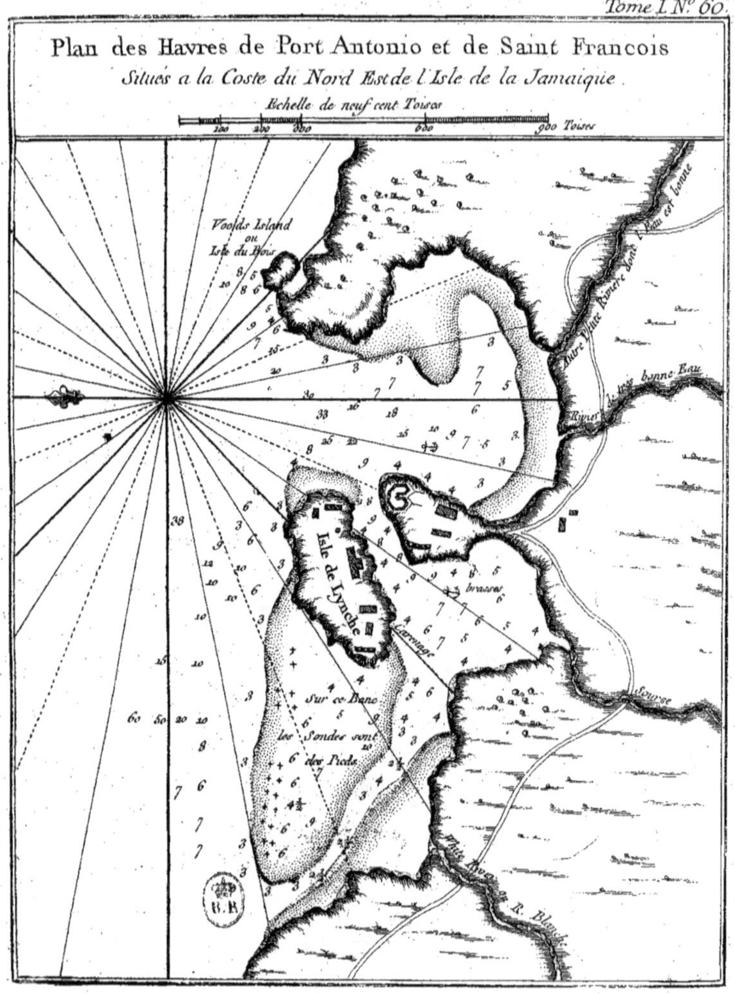
Plan des Havres de Port Antonio et de Saint Francois
Situés a la Coste du Nord Est de l'Isle de la Jamaique.
Echelle de neuf cent Toises
100   200   300   600   900 Toises
Voolds Island
ou
Isle du Bois
Entre deux Rivieres dont l'eau est bonne
Riviere de bonne Eau
bonne Eau
Isle de Lynche
Careenage
brasses
Sur ce Banc
les Sondes sont
des Pieds
Source
White River
R. Bleu

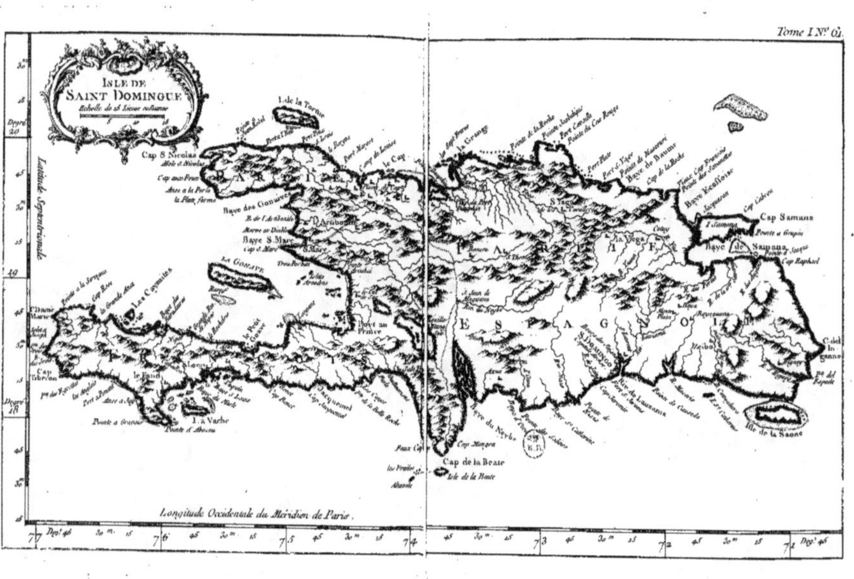

Isle de
Saint Domingue
Echelle de 18 Lieues communes
Latitude Septentrionale
Longitude Occidentale du Méridien de Paris
Cap S. Nicolas
Mole S. Nicolas
Cap aux Feux
Anse à la Perle
la Plate forme
I. de la Tortue
Baye des Gonaves
B. de l'Acul
Morne au Diable
Bâye S. Marc
Cap S. Marc
La Gonave
Les Cayemites
Cap Tiberon
Dame Marie
le Fond
J. a Vache
Pointe à Gravois
Pointe d'Abacou
Port au Prince
Cap de la Beate
Isle de la Beate
Faux Cap
Cap Mingra
Cap Samana
Baye de Samana
Pointe à Goupin
Cap Raphael
Cap Cabron
I. Samana
S. Yago
La Vega
E S P A G N O L E
F R A N Ç O I S E
Isle de la Saone
Baye Ecossoise
Saint Domingo

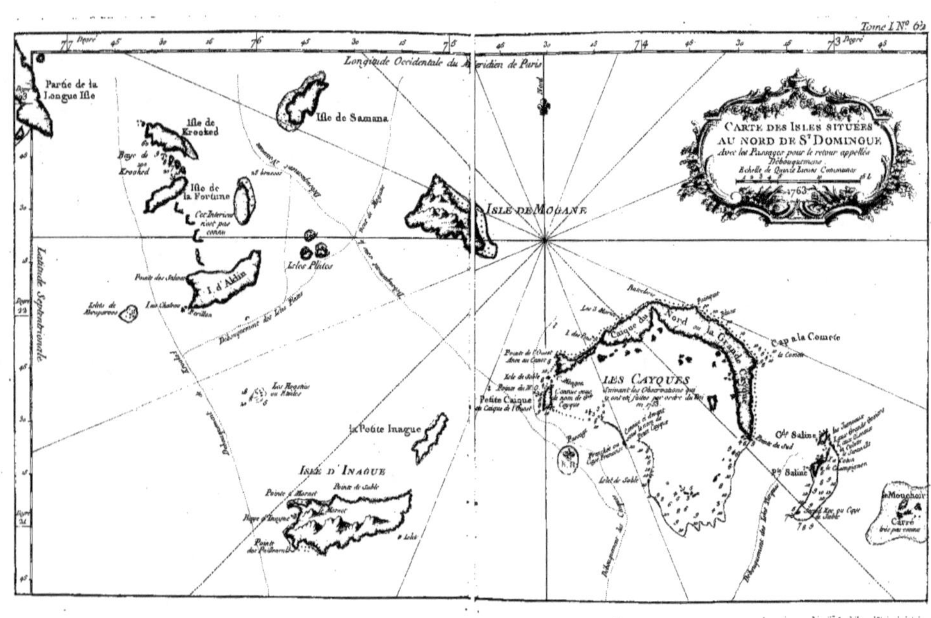
Partie de la Longue Isle
Isle de Krooked
Baye de Krooked
Isle de la Fortune
Cet Interieur n'est pas connu
Isle de Samana
Longitude Occidentale du Méridien de Paris
ISLE DE MOGANE
Latitude Septentrionale
Pointe des Salines
I. d'Aklin
Isles Plates
Islets de Mayaguanes
Les Roqueros ou Hodas
Débouquement des Isles Plates
la Petite Inague
ISLE D'INAGUE
Pointe à Morant
Pointe de Stable
Baye d'Inague
le Morne
Pointe des Pailloards
Lobo
CARTE DES ISLES SITUÉES
AU NORD DE St DOMINGUE
avec les Passages pour le retour appellés
Débouquemens
Echelle de Quinze Lieues Communes
1763
LES CAYQUES
Suivant les Observations qui se ont été faites par ordre du Roi en 1753
Caique du Nord ou la Grande Caique
Cap a la Comete
la Comete
Basse Terre
Pointe au Blanc
Les 3 Maries
I. des Pins
Pointe de l'Ouest
Anse au Canot
Isle de Sable
Pointe du N.O.
Petite Caique ou Caique de l'Ouest
Pointe de Sud
C.e Saline
P.e Saline
les Jumeaux
Débouquement des Iles Turques
le Mouchoir Carré très peu connu

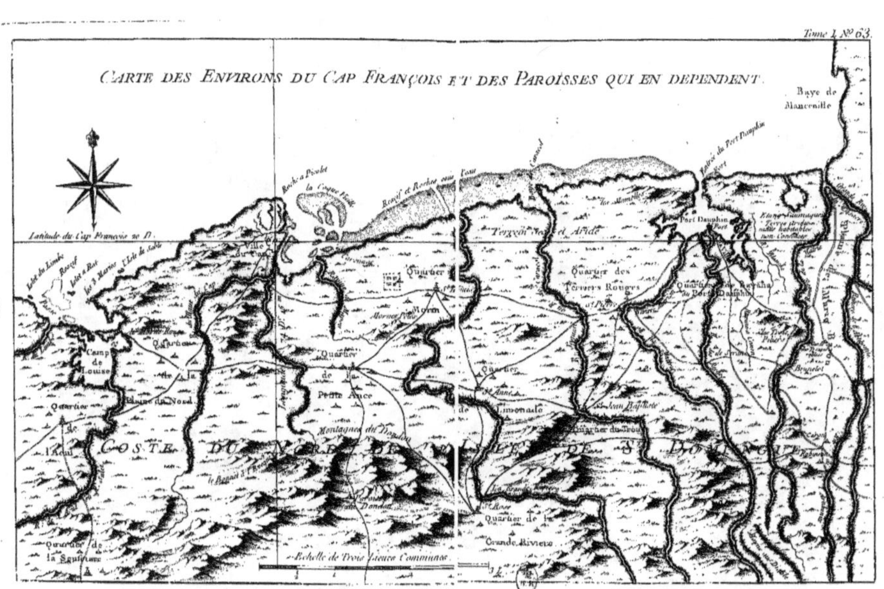

Tome 1. Nº 63.
CARTE DES ENVIRONS DU CAP FRANÇOIS ET DES PAROISSES QUI EN DEPENDENT.
Baye de Manceville
Latitude du Cap François 20 D.
Echelle de Trois Lieues Communes.

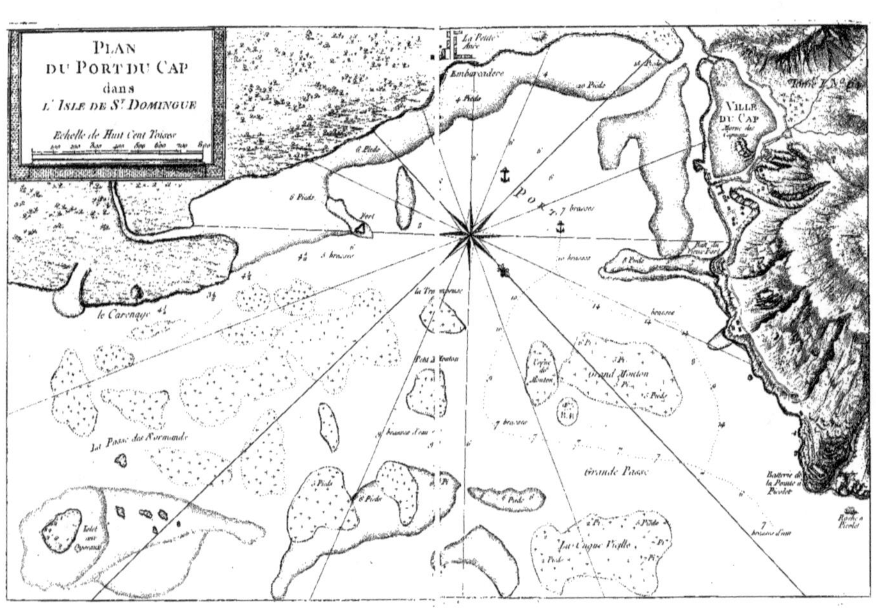

PLAN
DU PORT DU CAP
dans
L'ISLE DE St DOMINGUE
Echelle de Huit Cent Toises
La Petite Anse
Embarcadere
VILLE DU CAP
le Carenage
Islet au Moutons
Iat Passe des Normandes
Grande Passe
Grand Mouton
Iat Cayne Vieille
Batterie de la Pointe à Picolet

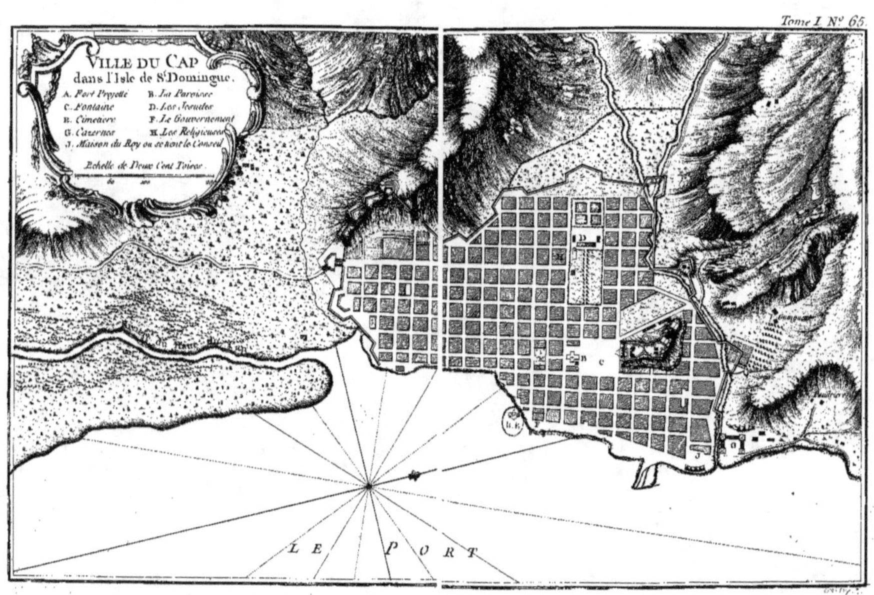
VILLE DU CAP
dans l'Isle de St Domingue.
A. Fort Projetté
B. La Paroisse
C. Fontaine
D. Les Jesuites
E. Cimetiere
F. Le Gouvernement
G. Cazernes
H. Les Religieuses
J. Maison du Roy ou se tient le Conseil
Echelle de Deux Cent Toises.
50   100
LE PORT

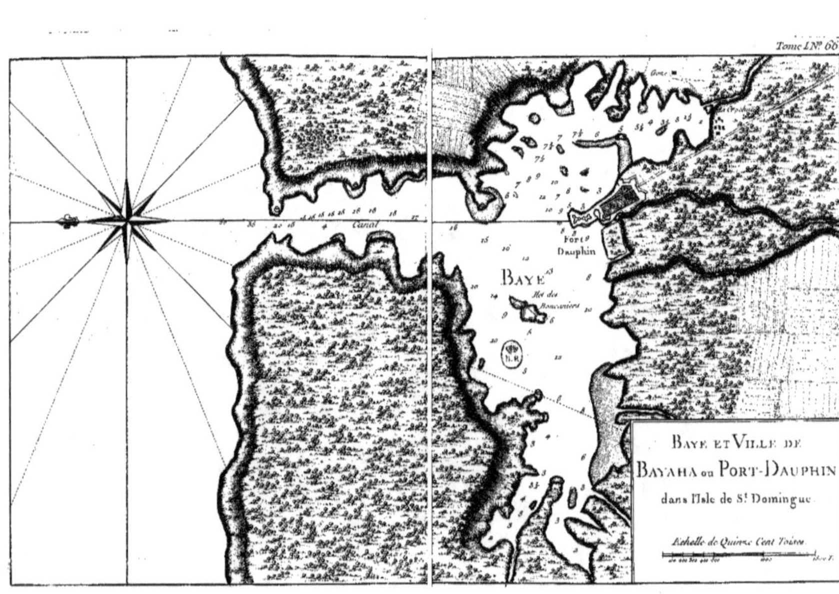

Canal
Fort Dauphin
BAYE
Ilet des Banaaniers
Baye et Ville de
Bayaha ou Port-Dauphin
dans l'Isle de St. Domingue
Echelle de Quinze Cent Toises.

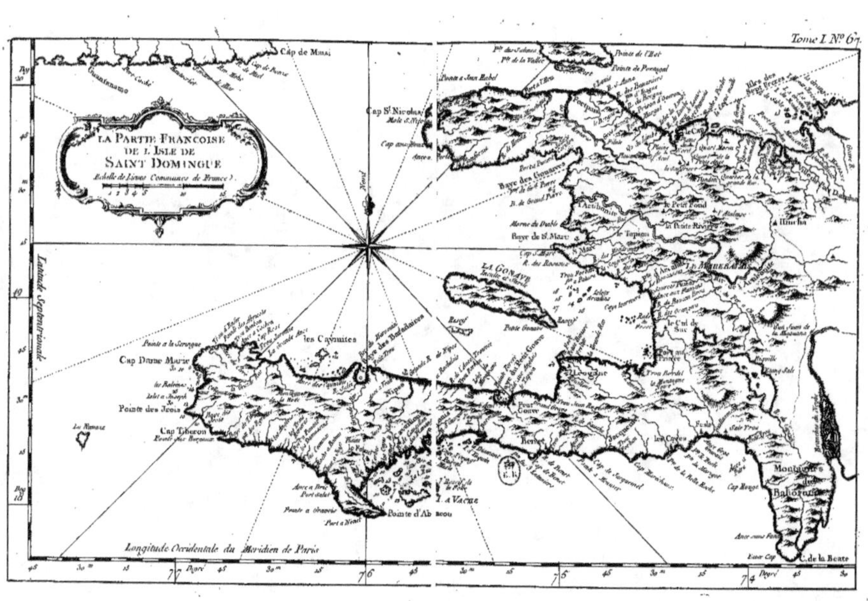

Tome I. N° 67.
LA PARTIE FRANCOISE
DE L'ISLE DE
SAINT DOMINGUE
Echelle de Lieues Communes de France.
Cap de Maisi
Cap St. Nicolas
Môle St. Nicolas
Baye des Gonaves
Baye de St. Marc
LA GONAVE
les Cayimites
Cap Dame Marie
les Baleines
Pointe des Jeois
Cap Tiberon
Les Remaux
Pointe d'Abacou
I. A VACHE
Benet
les Cayes
Montagnes de Bahoruco
C. de la Bente
Longitude Occidentale du Méridien de Paris
Latitude Septentrionale

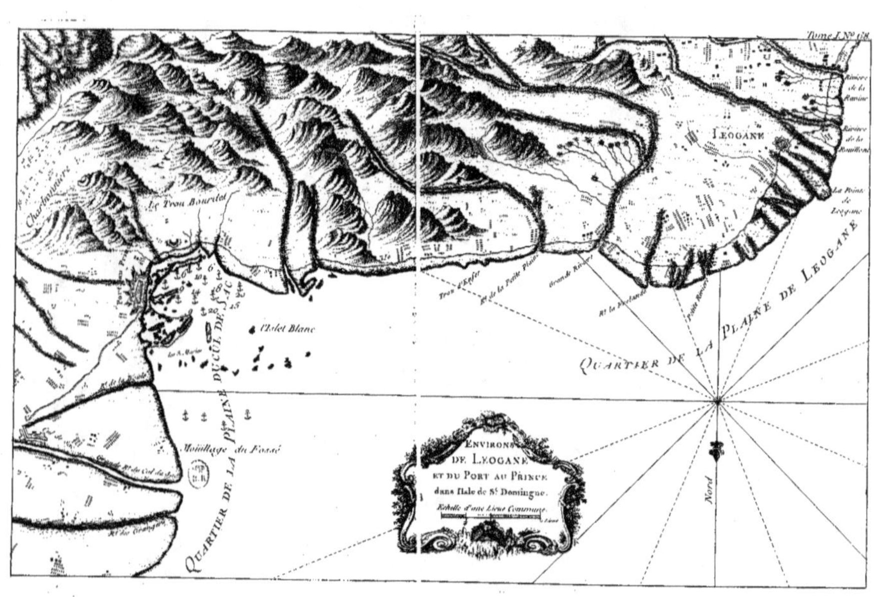

Tome I. N.º 58.
LEOGANE
Rivière de la Ravine
Rivière de la Rouillonne
La Pointe de Leogane
QUARTIER DE LA PLAINE DE LEOGANE
Nord
Chardonnier
Le Trou Bourdet
l'Ilelet Blanc
Trou d'Enfer
R.t de la Petite Plaine
Grande Rivière
R.t la Hollande
QUARTIER DE LA PLAINE DU CUL DE SAC
Mouillage du Fossé
QUARTIER DE LA PLAINE DU FOSSÉ
ENVIRONS DE LEOGANE ET DU PORT AU PRINCE dans l'Isle de St. Domingue.
Echelle d'une Lieue Commune.

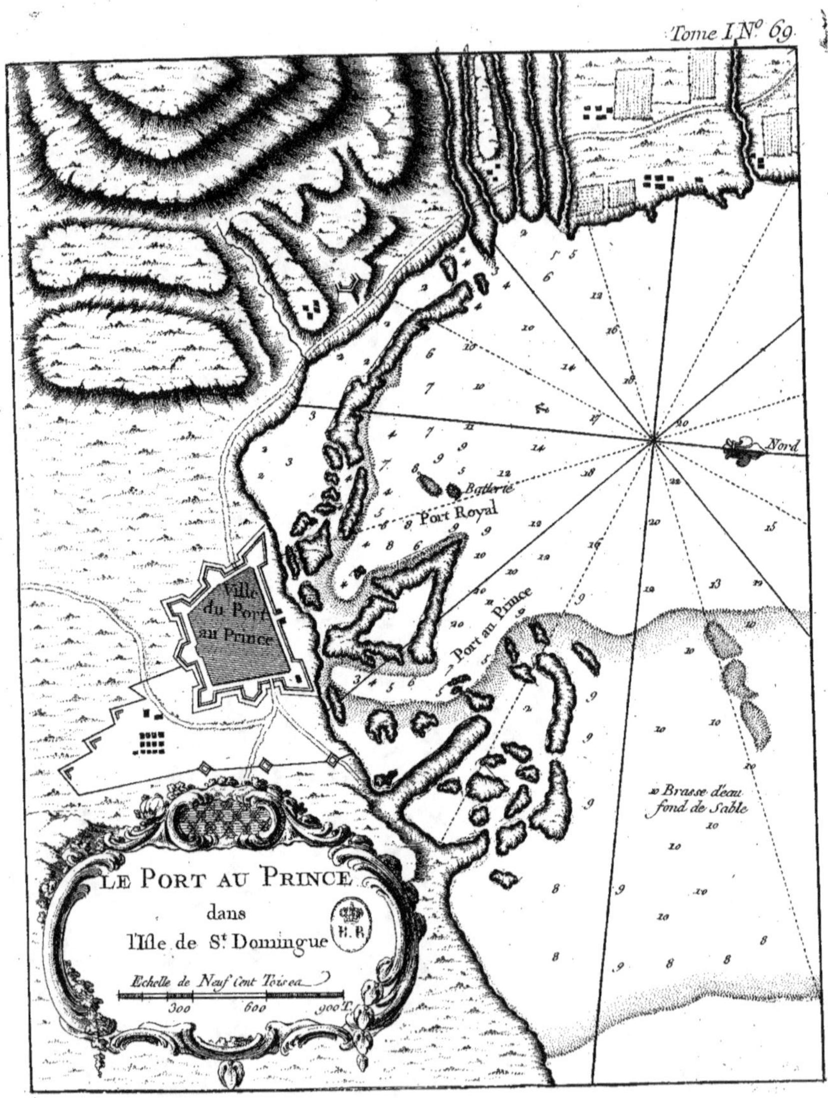
Nord
Port Royal
Batterie
Ville du Port au Prince
Port au Prince
Brasse d'eau fond de Sable
LE PORT AU PRINCE
dans
l'Isle de St. Domingue
Echelle de Neuf cent Toises
300   600   900 T.

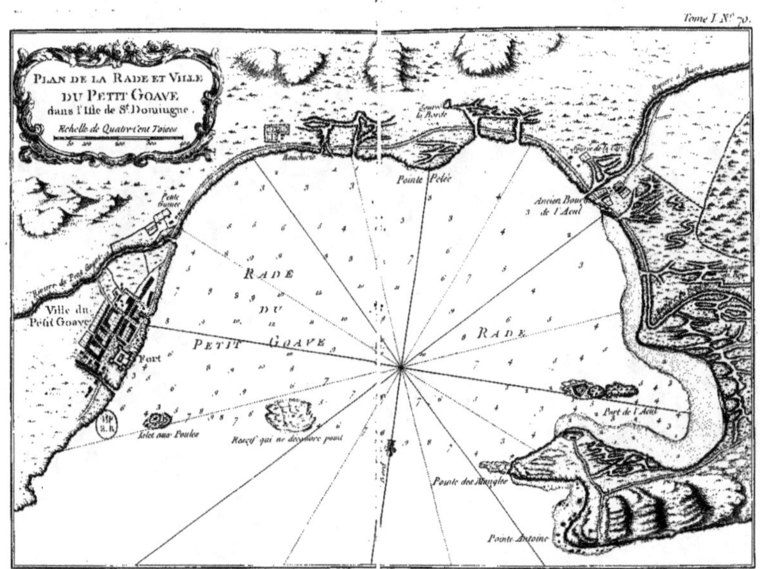
PLAN DE LA RADE ET VILLE
DU PETIT GOAVE
dans l'Isle de St. Domingue.
Echelle de Quatre Cent Toises
Riviere à Baret
Pointe Pelée
Mouchoir
Ancien Bourg
de l'Acul
Source de l'Acul
Source de la Burste
Pointe
Gravée
RADE
DU
PETIT GOAVE
RADE
Ville du
Petit Goave
Fort
Barre de Petit Goave
Islet aux Poules
Recif qui ne découvre point
Port de l'Acul
Pointe des Mangles
Pointe Antoine

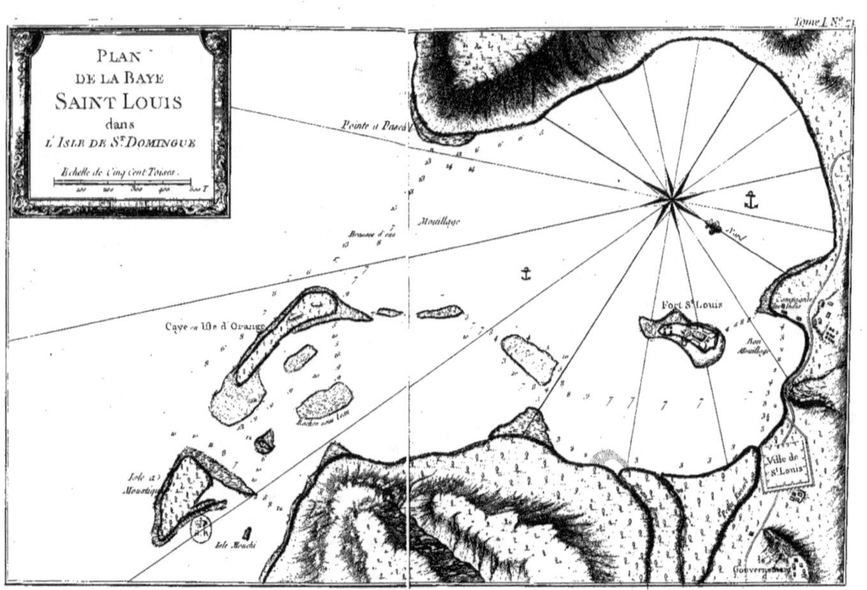

Tome I. N.º 7.
PLAN
DE LA BAYE
SAINT LOUIS
dans
L'ISLE DE St. DOMINGUE
Echelle de Cinq cent Toises.
100 200 300 400 500 T
Pointe à Pascà
Mouillage
Brasseur d'eau
Cave ou Isle d'Orange
Rochers sous l'eau
Isle à
Moustique
Isle Mouchi
Fort St. Louis
Bon Mouillage
Nord
Ville de
St. Louis
Gouvernement

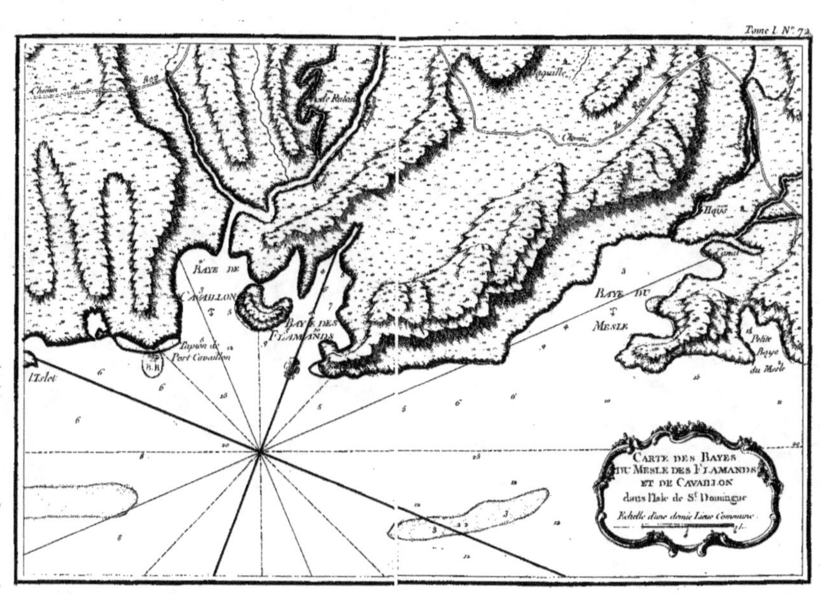

Tome I. N°. 72.
Baye de Ratan
Aiguaille
Canon
Chemin
Haiti
Canal
BAYE DE CAVAILLON
BAYE DES FLAMANDS
BAYE DU MESLE
Petite Baye du Mesle
Papion de Port-Cavaillon
B.R.
l'Islet
CARTE DES BAYES
DU MESLE DES FLAMANDS
ET DE CAVAILLON
dans l'Isle de St. Domingue
Echelle d'une demie Lieue Commune.

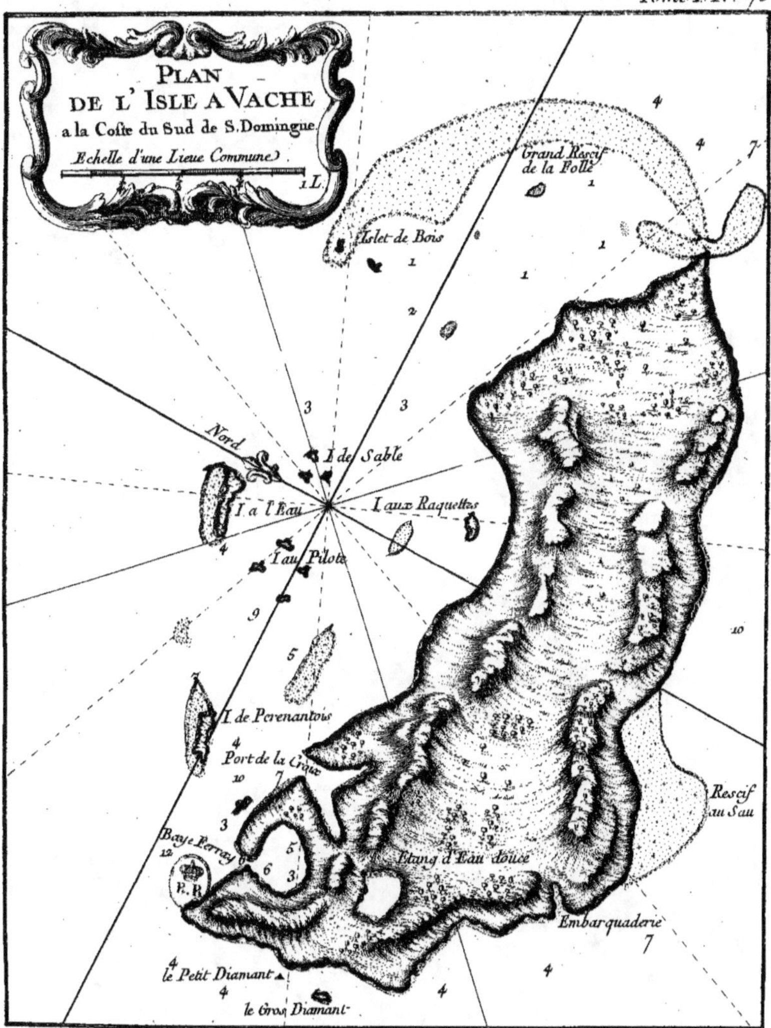

Tome. I. N.º 73
PLAN DE L'ISLE A VACHE
a la Coste du Sud de S. Domingue.
Echelle d'une Lieue Commune.
1 L.
Grand Rescif de la Folle
Islet de Bois
Nord
I de Sable
I a l'Eau
I aux Raquettes
I au Pilote
I de Perenantois
Port de la Croix
Baye Ferray
P. R.
le Petit Diamant
le Gros Diamant
Etang d'Eau douce
Rescif au Sau
Embarquaderie

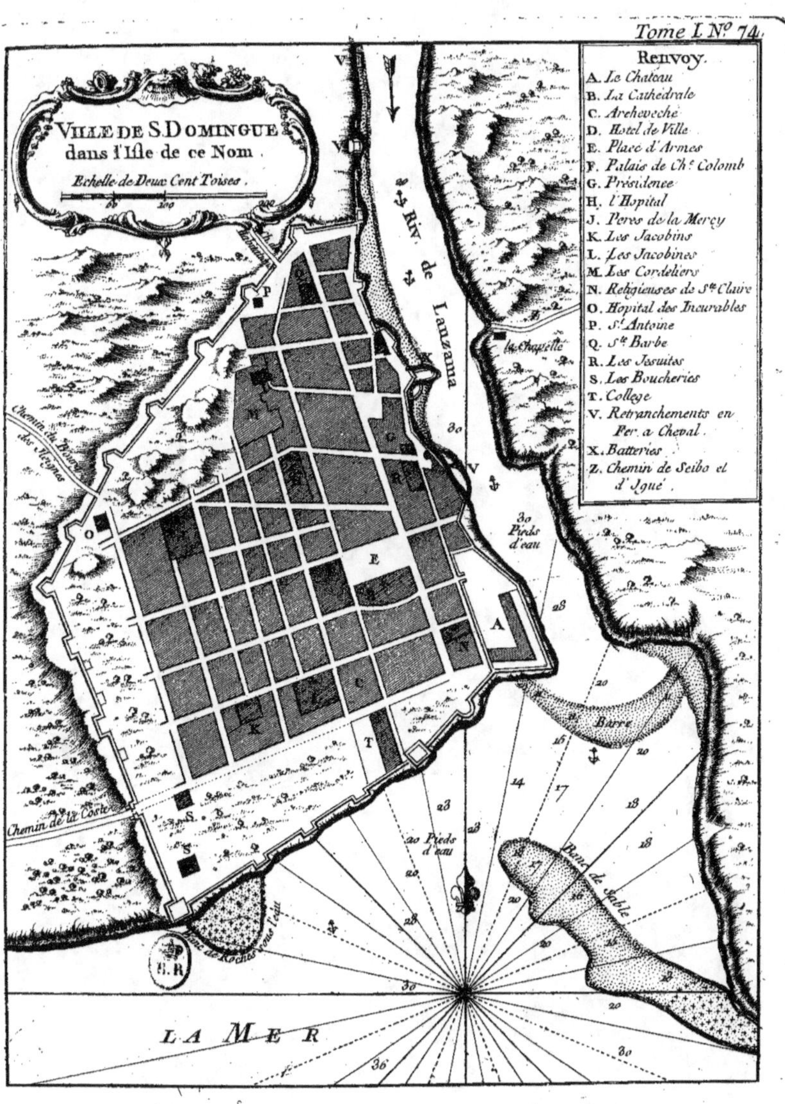
VILLE DE S. DOMINGUE
dans l'Isle de ce Nom
Echelle de Deux Cent Toises.

Renvoy.
A. Le Chateau
B. La Cathedrale
C. Archeveché
D. Hotel de Ville
E. Place d'Armes
F. Palais de Ch.e Colomb
G. Présidence
H. l'Hopital
J. Peres de la Mercy
K. Les Jacobins
L. Les Jacobines
M. Les Cordeliers
N. Religieuses de S.te Claire
O. Hopital des Incurables
P. S.t Antoine
Q. S.te Barbe
R. Les Jesuites
S. Les Boucheries
T. College
V. Retranchements en
Fer a Cheval
X. Batteries
Z. Chemin de Seibo et
d'Igué.

Riv. de Lanzama
la Chapelle
Chemin du Bois
des Negres
Chemin de la Coste
Barre
Banc de Sable
Pieds d'eau
LA MER

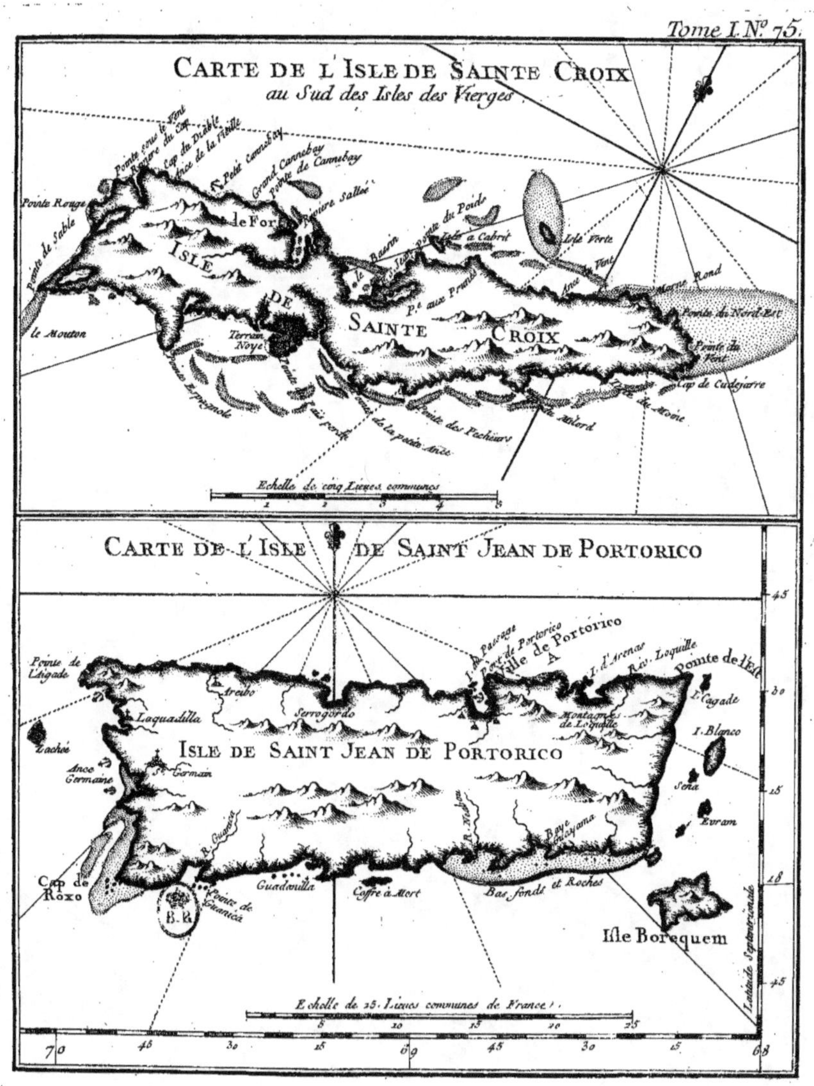
CARTE DE L'ISLE DE SAINTE CROIX
au Sud des Isles des Vierges.
Pointe sous le Fort
Pointe Rouge
Cap du Diable
Cap de la Pointe
Petit Cannebay
Grand Cannebay
Pointe de Cannebay
Pointe de Sable
Pointe salée
le Basin
de Fort
ISLE
Pointe du Poids
Anse a Cabrit
St Jean
Isle Verte
Anse Vent
DE
Mare Rond
Pte aux Prunes
Pointe du Nord Est
le Mouton
SAINTE
CROIX
Pointe du Fort
Terrein
Noyé
Pointe Espagnole
Isle Noire
Cap de Cudeyarre
Pointe des Pechiurs
Anse à Mort
Pointe de la petite Anse
Echelle de cinq Lieues communes
1   2   3   4   5

CARTE DE L'ISLE DE SAINT JEAN DE PORTORICO
45
Pointe de
L'Higade
A Passage
Port de Portorico
Ville de Portorico
Arecibo
L. d'Arenas
A
Riv. Loquille
Pointe de l'Est
30
Laquadilla
Serrogordo
Montagnes
de Loquille
L. Cagade
Zachée
ISLE DE SAINT JEAN DE PORTORICO
I. Blanco
Ance
Germaine
St Germain
Sona
15
R. Guanar
R. Melon
Baye
Guayama
Evram
Cap de
Roxo
B. R.
Pointe de
Guanica
Guadanilla
Coffre à Mort
Bas fonds et Roches
18
Isle Borequem
Latitude Septentrionale
45
Echelle de 25. Lieues communes de France.
5   10   15   20   25
70   45   30   15   69   45   30   15   68

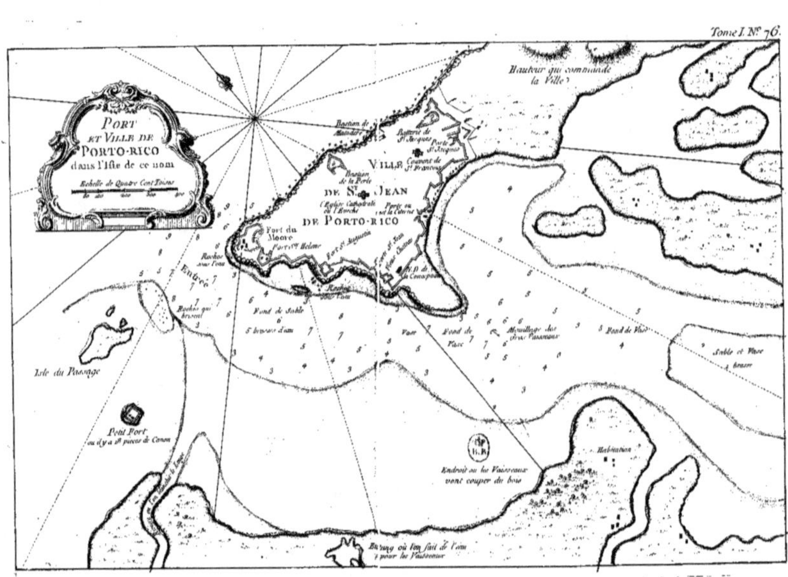

Port et Ville de Porto-Rico dans l'Isle de ce nom
Echelle de Quatre Cent Toises
Hauteur qui commande la Ville
Bastion de Matadere
Batterie de St Jacques
Porte St Jacques
Couvent de St François
VILLE DE St JEAN
Bastion de la Perle
L'Eglise Cathedrale ou l'Eveché
Porte ou est la Cuerne
DE PORTO-RICO
Fort du Moore
Porte Ste Helene
Porte St Augustin
Porte St Jean
Vieux Chateau
N. D. de la Conception
Rochers sous l'eau
Entrée
Rochers sous l'eau
Rochers qui brisent
Isle du Passage
Petit Fort où il y a 8 pieces de Canon
Fond de Sable
5 brasses d'eau
Vase
Fond de Vase
Mouillage des deux Vaisseaux
Fond de Vase
Sable et Vase à brasse
Endroit ou les Vaisseaux vont couper du bois
Habitation
Bourg où l'on fait de l'eau pour les Vaisseaux

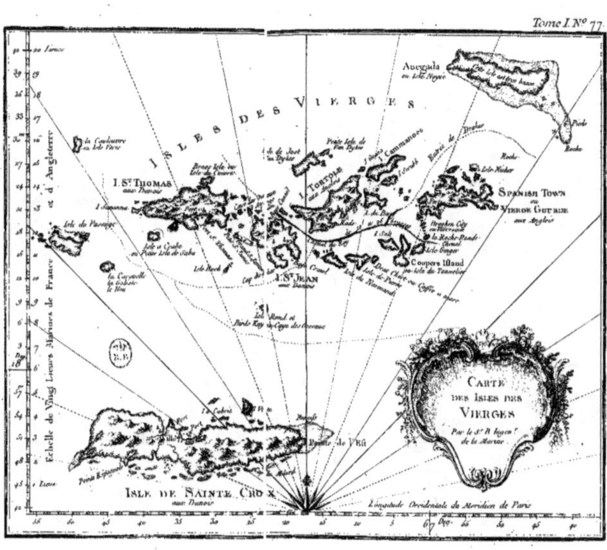
ISLES DES VIERGES
CARTE
DES ISLES DES
VIERGES
Par le S.r R. Ingen.r
de la Marine.
Longitude Occidentale du Meridien de Paris

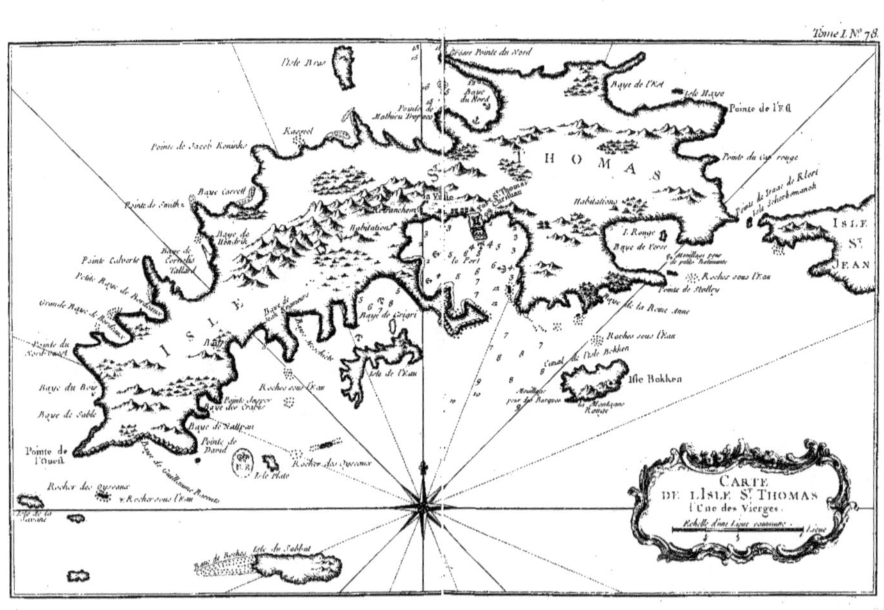

Isle Bras
Pointe de Mathieu Dupreez
Kuezeel
Pointe de Jacob Koninks
Pointe de Smiths
Baye Correll
Pointe Calverle
Baye de Cornelis Tallial
Petite Baye de Bordeaux
Grande Baye de Bordeaux
Pointe du Nord Ouest
Baye du Bois
Baye de Sable
Pointe de l'Oueil
Rocher des Oyseaux
Isle de la Savane
Baye de Hondrik
Habitation
Franchem
Baye de Targan
Isle du Sabbat
Isle Plate
Rocher des Oyseaux
Pointe de David
Baye d'Nalipan
Baye des Crabbe
Pointe Jacgor
Roches sous l'Eau
Isle de l'Eau
Rocher sous l'Eau
Baye de Gezari
Cesare Pointe du Nord
Baye du Nord
Baye de l'Ka
Isle Haye
Pointe de l'Est
Pointe du Cap rouge
Canal de Isai de Klori
Isle Schorbmanck
T H O M A S
Habitations
I. Rouge
Baye de Corse
Mouillage pour les petits Bâtiments
Roches sous l'Eau
Pointe de Stolley
Baye de la Reine Anne
Roches sous l'Eau
Canal de Isle Bokken
Isle Bokken
Mouillage pour les Barques
les Montagnes Rouge
I S L E St JEAN
S. THOMAS
I S L E
CARTE
DE L'ISLE St THOMAS
l'Une des Vierges.
Echelle d'une Lieue commune
Lieue

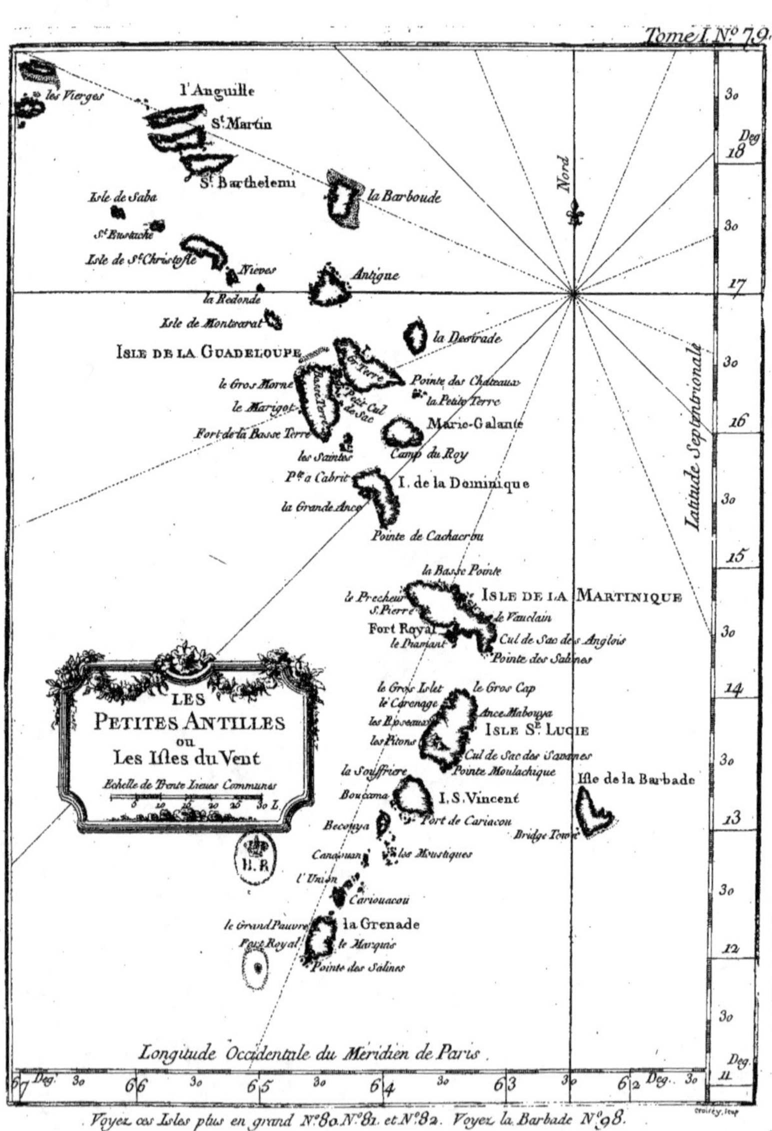

Tome I. N° 79.
les Vierges
l'Anguille
St Martin
St Barthelemi
la Barboude
Isle de Saba
St Eustache
Isle de St Christofle
Nieves
Antique
la Redonde
Isle de Montserrat
la Desirade
ISLE DE LA GUADELOUPE
Grande Terre
Pointe des Châteaux
le Gros Morne
Petit Cul de Sac
la Petite Terre
le Marigot
Marie-Galante
Fort de la Basse Terre
les Saintes
Camp du Roy
Pte a Cabrit
I. de la Dominique
la Grande Anse
Pointe de Cachacrou
Nord
Latitude Septentrionale
la Basse Pointe
le Precheur
ISLE DE LA MARTINIQUE
S. Pierre
de Vauclain
Fort Royal
le Diamant
Cul de Sac des Anglois
Pointe des Salines
LES
PETITES ANTILLES
ou
Les Isles du Vent
Echelle de Trente Lieues Communes
0 10 20 30 L.
le Gros Islet
le Gros Cap
le Carenage
Ance Mabouya
les Roseaux
ISLE Ste LUCIE
les Pitons
Cul de Sac des Savanes
la Soufriere
Pointe Moulachique
Isle de la Barbade
Boucama
I. S. Vincent
Beconya
Port de Cariacou
Bridge Town
Canaouan
les Moustiques
H. R.
l'Union
Cariouacou
le Grand Pauvre
la Grenade
Fort Royal
le Marquis
Pointe des Salines
Longitude Occidentale du Méridien de Paris.
67 Deg. 30 66 30 65 30 64 30 63 30 62 Deg. 30
30
Deg
18
30
17
30
16
30
15
30
14
30
13
30
12
Deg
11
Croisey, fecit
Voyez ces Isles plus en grand N° 80. N° 81. et N° 82. Voyez la Barbade N° 98.

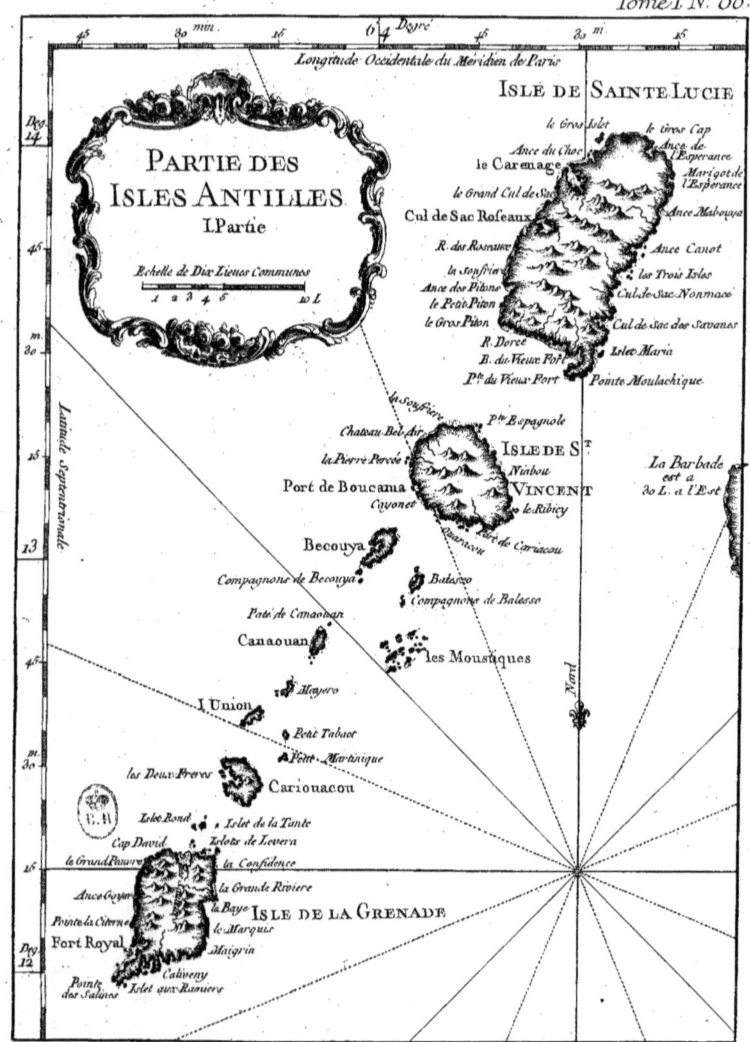

Longitude Occidentale du Meridien de Paris
PARTIE DES ISLES ANTILLES
I.Partie
Echelle de Dix Lieues Communes
1 2 3 4 5   10 L
ISLE DE SAINTE LUCIE
le Gros Islet
le Gros Cap
Ance du Choc
Ance de l'Esperance
le Caremage
Marigot de l'Esperance
le Grand Cul de Sac
Cul de Sac Roseaux
Ance Mabouya
R. des Roseaux
Ance Canot
la Soufriere
les Trois Isles
Ance des Pitons
Cul de Sac Nonmace
le Petit Piton
Cul de Sac des Savanes
le Gros Piton
R. Dorée
Islet Maria
B. du Vieux Fort
P.te du Vieux Fort
Pointe Moulachique
la Soufriere
P.te Espagnole
Chateau Bel Air
la Pierre Percée
ISLE DE S.t
Niabou
VINCENT
Port de Boucama
Cayonet
le Ribicy
Quiancou
I.let de Cariacou
La Barbade est a 30 L. a l'Est
Becouya
Compagnons de Becouya
Balesso
Compagnons de Balesso
Paté de Canaouan
Canaouan
les Moustiques
Mayero
I. Union
Nord
Petit Tabaet
Petit Martinique
les Deux Freres
Cariouacou
Islet Rond
Islet de la Tante
Cap David
Islets de Levera
le Grand Pauvre
la Confidence
la Grande Riviere
Ance Goyau
la Baye
ISLE DE LA GRENADE
Pointe la Citerne
le Marquis
Fort Royal
Maigrin
Caliveny
Pointe des Salines
Islet aux Ramiers
Deg. 14
m. 30
15
13
15
m. 30
16
Deg. 12
Latitude Septentrionale

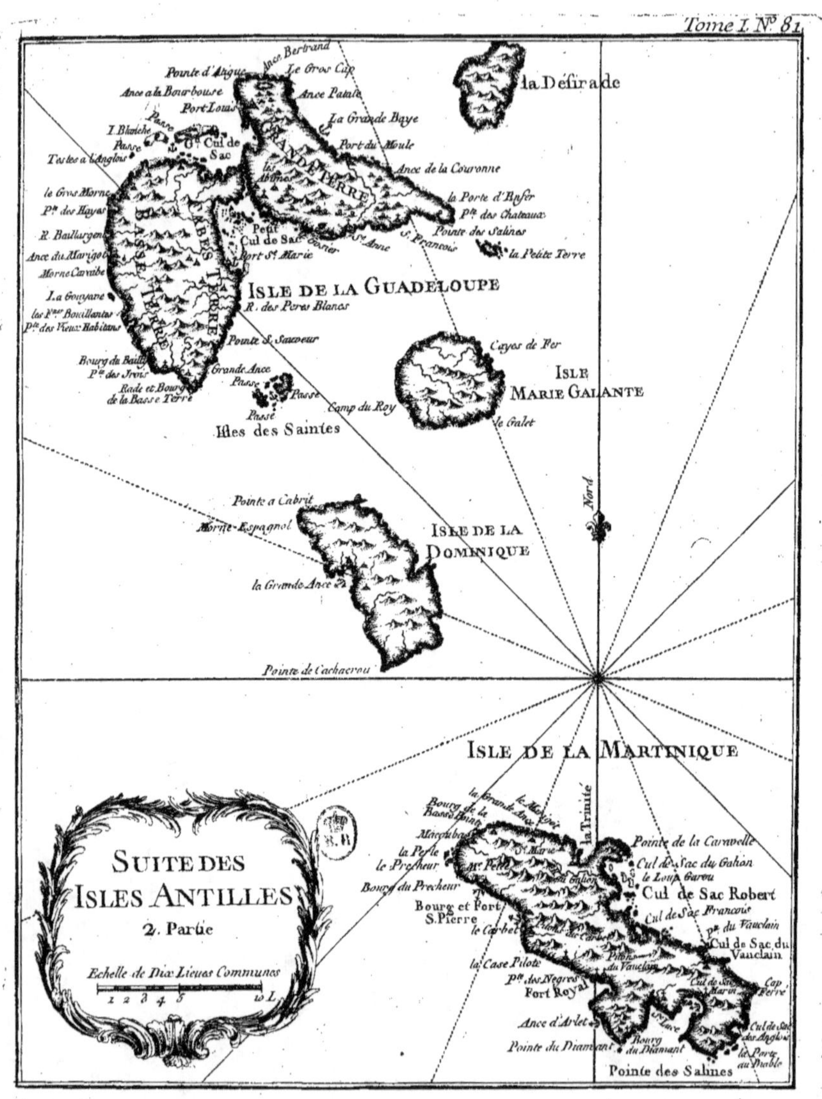

Tome I. N.º 81
Pointe d'Angue
Ance a la Bourbouse
Port Louis
I. Blanche
Passe
Testes a l'Anglois
Passe
G.r Cul de Sac
Ance Bertrand
Le Gros Cap
Ance Patate
La Grande Baye
Port du Moule
les Abimes
GRANDE TERRE
la Désirade
Ance de la Couronne
la Porte d'Enfer
P.te des Chateaux
le Gros Morne
P.te des Hayas
R. Baillargent
Ance du Marigot
Morne Caraibe
BASSE TERRE
Petit Cul de Sac
St. Anne
S.t Francois
Pointe des Salines
la Petite Terre
ISLE DE LA GUADELOUPE
R. des Peres Blancs
La Goueare
les F.res Bouillantes
P.te des Vieux Habitans
Pointe S. Sauveur
Bourg du Bailli
P.te des Irois
Grande Ance
Passe
Rade et Bourg
de la Basse Terre
Passe
Passe
Camp du Roy
Isles des Saintes
Cayes de Fer
ISLE MARIE GALANTE
le Galet
Pointe a Cabrit
Morne Espagnol
la Grande Ance
ISLE DE LA DOMINIQUE
Nord
Pointe de Cachacrou
ISLE DE LA MARTINIQUE
la Grande Ance
le Macouba
Bourg de la Basse Pointe
Macouba
la Perle
le Precheur
Bourg du Precheur
Bourg et Fort
S. Pierre
le Carbet
la Case Pilote
P.te des Negres
Fort Royal
Ance d'Arlet
Pointe du Diamant
S.te Marie
M.t Pelé
la Trinité
Pointe de la Caravelle
Cul de Sac du Galion
le Loup Garou
Cul de Sac Robert
Cul de Sac Francois
P.te du Vauclain
Cul de Sac du Vauclain
Pitons
du Vauclain
Cap
Cul de Sac Marin
Terre
Bourg
du Diamant
Cul de Sac
des Anglois
la Porte
au Diable
Pointe des Salines
SUITE DES
ISLES ANTILLES
2. Partie
Echelle de Dix Lieues Communes
1 2 3 4 5
10 L.

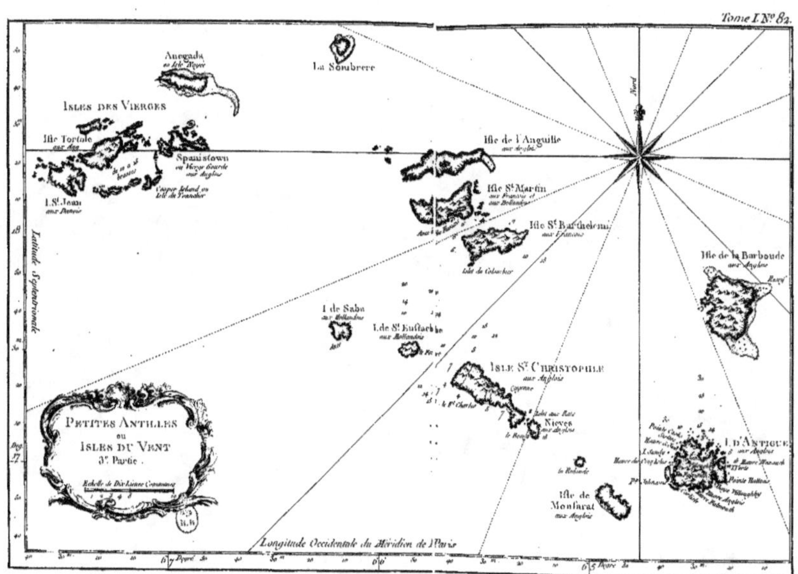

Anegada ou Isle Noyée
La Soubrere
ISLES DES VIERGES
Isle Tortole aux Ann
Spanis town ou Vierge Gourde aux Anglois
de 10 a 15 brasses
Casper Island ou Islet du Penculier
I. St. Jean aux Danois
Isle de l'Anguille aux Anglois
Isle St. Martin aux François et aux Hollandois
Isle St. Barthelemi aux François
Islet du Colombier
I. de Saba aux Hollandois
I. de St. Eustacche aux Hollandois
Nord
Isle de la Barboude aux Anglois
Enray
ISLE St. CHRISTOPHLE aux Anglois
Capsterre
le St. Charles
Islet aux Rats
Nieves aux Anglois
le Bourg
Isle de Monsarat aux Anglois
Latitude Septentrionale
PETITES ANTILLES
ou
ISLES DU VENT
3.e Partie.
Echelle de Dix Lieues Communes
Pointe Corbi
Mouve de
I. Sandy
Mouve des Cinq Isles
P.te Johnson
Mouve Mansuck
I. Verte
Pointe Nottons
Mouve Willoughby
Mouve Anglois
Carlisle
I. D'ANTIGUE aux Anglois
Pr.e Johnson
Longitude Occidentale du Méridien de Paris

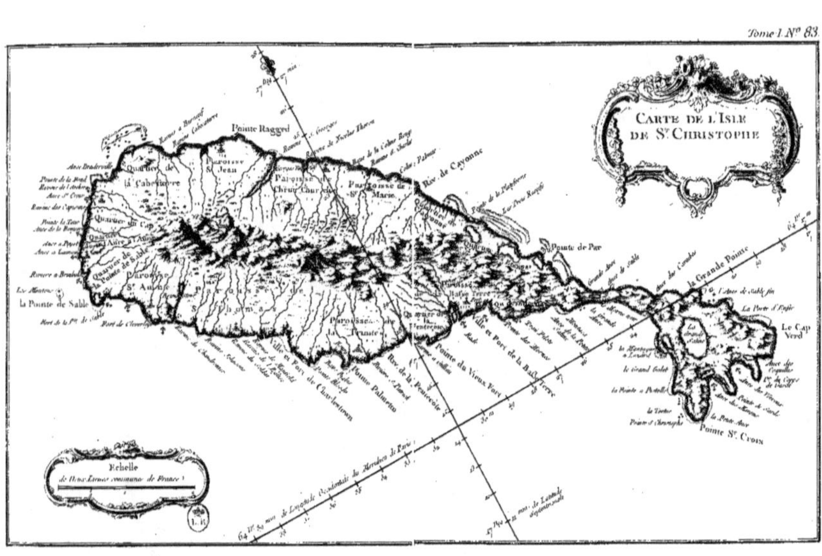

Carte de l'Isle de St. Christophe
Echelle de Deux Lieues communes de France

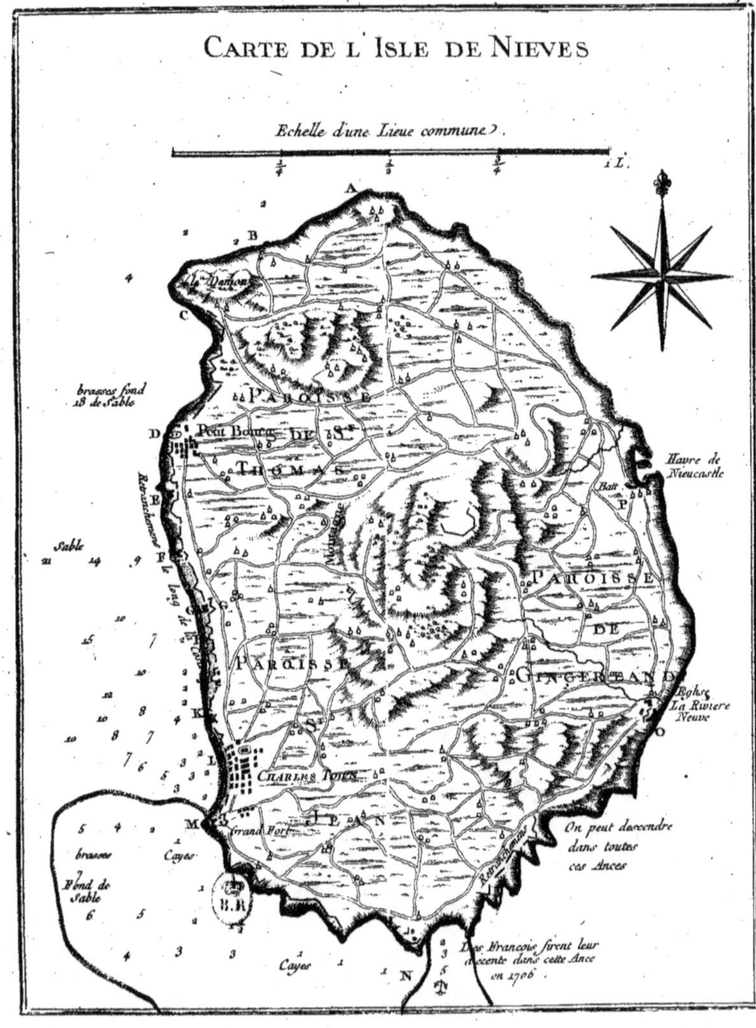
CARTE DE L'ISLE DE NIEVES
Echelle d'une Lieue commune
1/4   1/2   3/4   1 L.
A
B
C
l'Ile Danjou
brasses fond
18 de Sable
PAROISSE DE St.
Petit Bourg
THOMAS
D
E
Sable
Retranchement le long de la Coste
Havre de
Nieucastle
Batt.
P
PAROISSE
DE
GINGERLAND
PAROISSE
St.
Eglise
La Riviere
Neuve
O
K
L
CHARLES TOWN
M
Grand Fort
JEAN
brasses
Cayes
Fond de
Sable
B.R
Retranchemens
On peut descendre
dans toutes
ces Ances
Cayes
N
T
Des Francois firent leur
descente dans cette Ance
en 1706.

CARTE DE L'ISLE D'ANTIGUE
Situeé par la Latitude 17 Degrés et par la
Longitude de 64 Degrés a l'Occident de Paris
Echelle
de Trois Lieues communes de France de 25 au Degré.
1   2   3
Chaîne de Roches sous l'Eau
40 Pieds   40
le Fer a Cheval
Pointe Regerson
Pte Beggers
Banc de Sable
Chenal
les Sœurs
Roche Vilington
Petite I. aux Oiseaux
I. aux Oiseaux
Port St Jean
I-le Gurata
I. de Sable
I. du Pelican
St Jean
Old Nort
Souchid
PAROISSE
PAROISSE
St Jean
Parham
Sandhill
St
Parham
Chapelle
JEAN
S. Pierre
PARHAM
les Cinq Isles
Par St PIERRE
Havre de
Nonsuit
Chenal
PAROISSE WILLOUGBY
I. Verte
Willougby
Bridgetown
G. Fry
PAROISSE DE FALMOUTH
Pointe
Huttons
Pointe
Colins
Falmouth
Grey
le Fer a Cheval.
Willoughby
I. de Sable
Mamora
Roche a fleur d'eau
Baye de Falmouth
Terre a l'Anglois
Brisans
Baye Kibengres
Roche sous l'eau

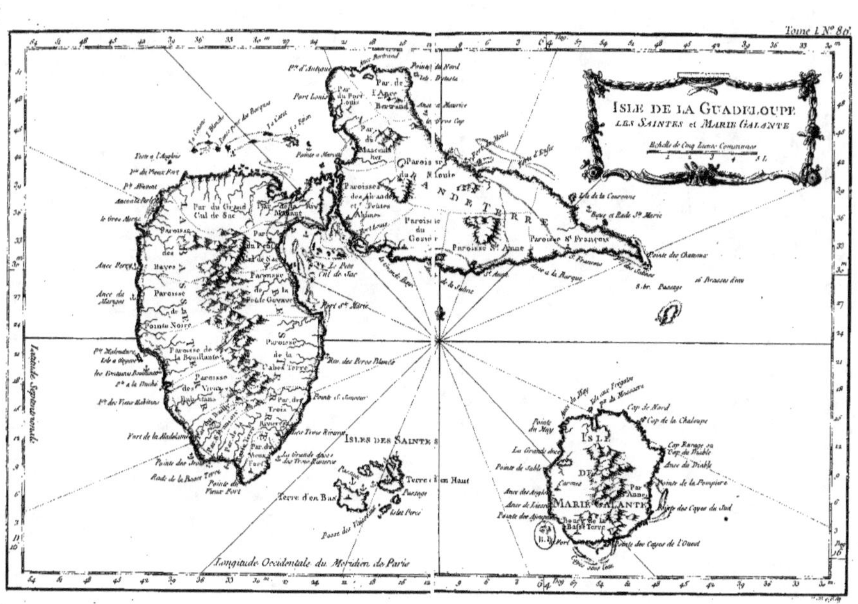

Tome I N.º 86.
ISLE DE LA GUADELOUPE
LES SAINTES et MARIE GALANTE
Echelle de Cinq Lieues Communes
Longitude Occidentale du Meridien de Paris
Latitude Septentrionale
ISLES DES SAINTES
Terre d'en Haut
Terre d'en Bas
Islet Percé
Passe des Vieux
ISLE DE MARIE GALANTE
CI NE TERRE
Paroisse du Gosier
Paroisse St. Anne
Paroisse St. François
Pointe des Chateaux
Isle de la Couronne
Bourg et Rade Ste. Marie
Pointe du Nord
Par. de Bertrand
Port Louis
Anse de Marie
Paroisse du Moule
Paroisses des Abymes et Petites Abymes
Par. du Grand Cul de Sac
Pointe Noire
Anse Ponte
Hayes
Anse du Marigot
Paroisse de la Basse Terre
Fort de la Madeleine
Rade de la Basse Terre
Pointe du Vieux Fort
Cap de Nord
Cap de la Chaloupe
Cap Barrage ou Cap du Diable
Anse du Diable
Pointe de la Pompière
Pointe des Cayes du Sud
Pointe des Cayes de l'Ouest
Bourg et Fort Basse Terre
Par. d'Anse
Grand Bourg
Caranes
Anse des Angles
Anse de Lucas
Pointe des Ayous
Pointe du May
Isle aux Frégates
Isle aux Macaons
La Grande Anse
Pointe de Sable

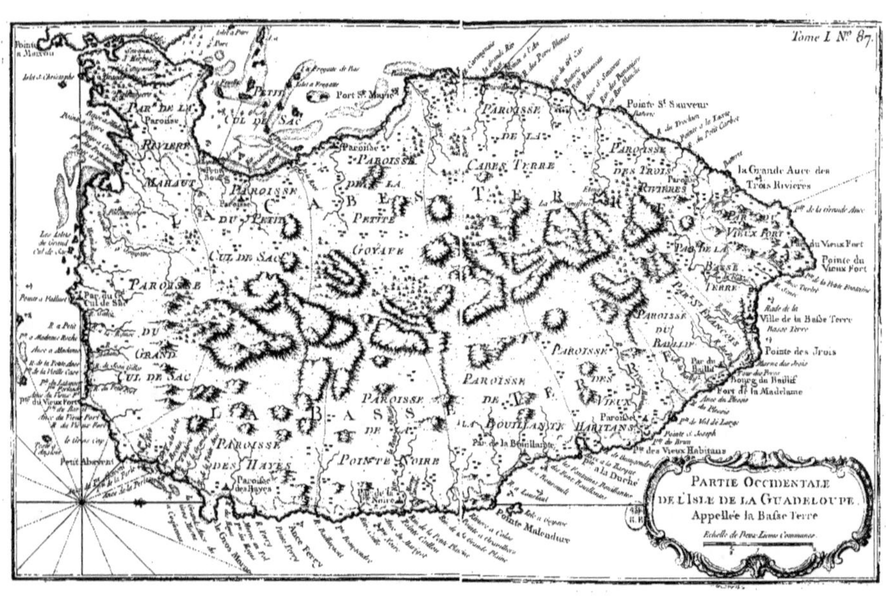

Tome I. N.º 87.
PARTIE OCCIDENTALE DE L'ISLE DE LA GUADELOUPE Appellée la Basse Terre
Echelle de Deux Lieues Communes.

PARTIE ORIENTALE
DE L'ISLE
DE LA GUADELOUPE
Appellée la Grande-Terre
Echelle de deux Lieues communes

Roches qui couvrent
et decouvrent
Islet a Cochons
Haut Fond
Islet a Pitre
Carenage
la Boxier
Pointe a Pitre
Fort Louis
Bourg Proposé
Ance a Feryeau
la Grande
Baye
Pointe a la
Verdure
ENVIRONS DU FORT LOUIS
de la Guadeloupe
Echelle de Deux Cent Toises
100   200 T.
B.R.

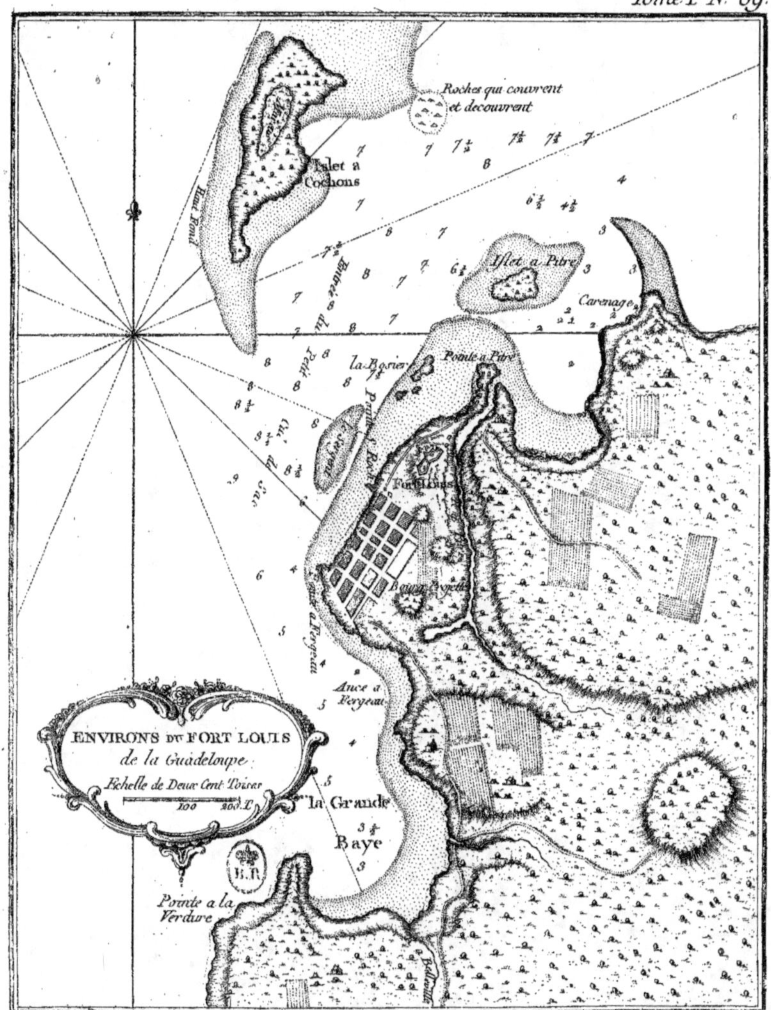

Crousey sc.

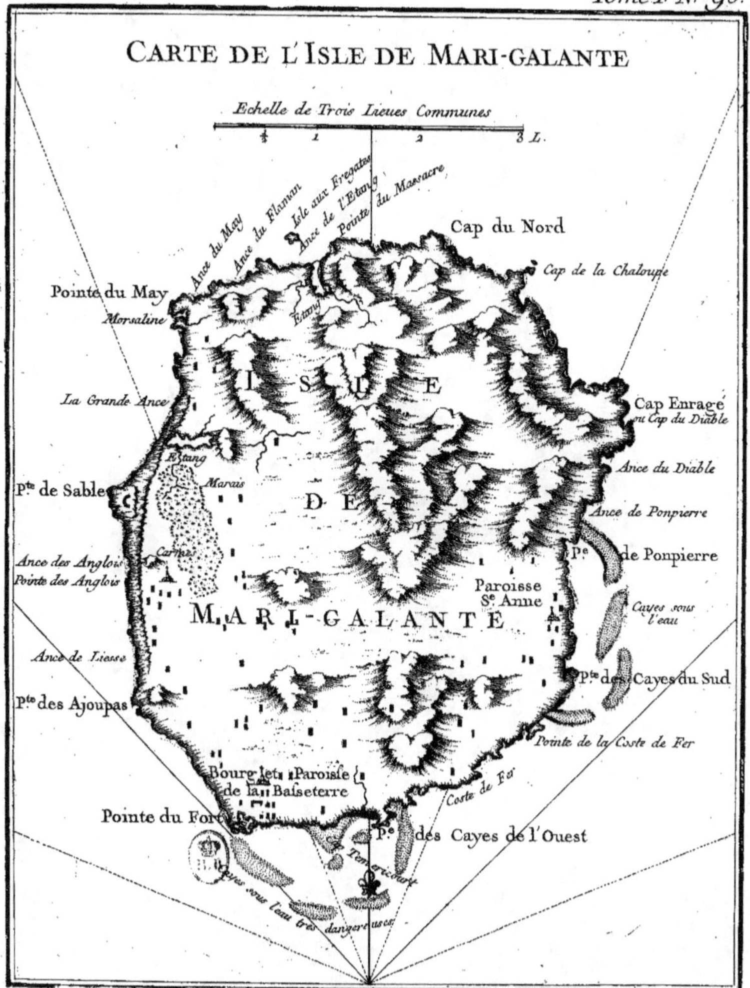

CARTE DE L'ISLE DE MARI-GALANTE
Echelle de Trois Lieues Communes
1/2 1 2 3 L.
Ance du May
Ance du Flaman
Isle aux Fregates
Ance de l'Etang
Pointe du Massacre
Cap du Nord
Cap de la Chaloupe
Pointe du May
Morsaline
Etang
ISLE
La Grande Ance
Cap Enragé
ou Cap du Diable
Etang
Ance du Diable
Marais
DE
Ance de Ponpierre
P.te de Sable
C
P.te de Ponpierre
Carbet
Ance des Anglois
Pointe des Anglois
Paroisse
S.te Anne
Cayes sous
l'eau
MARI-GALANTE
Ance de Liesse
P.te des Cayes du Sud
P.te des Ajoupas
Pointe de la Coste de Fer
Bourg le la Paroisse
de la Basseterre
Coste de Fer
Pointe du Fort
P.te des Cayes de l'Ouest
Tamariniers
Cayes sous l'eau très dangereuses
crouty Scu.

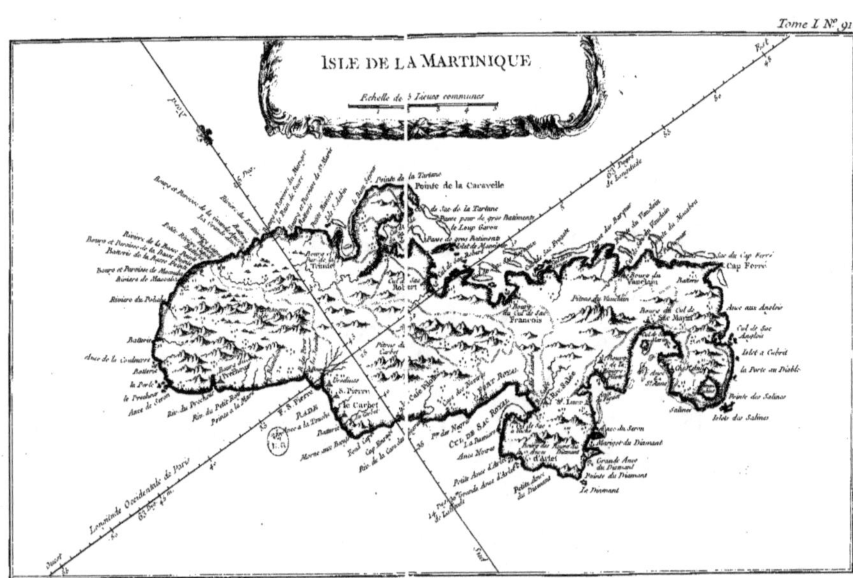
ISLE DE LA MARTINIQUE
Echelle de 5 Lieues communes
Pointe de la Tartane
Pointe de la Caravelle
Cap Ferré
Anse aux Anglois
Cul de Sac Anglois
Islet a Cabrit
la Porte au Diable
Pointe des Salines
Islets des Salines
Le Diamant
Pointe du Diamant
Grande Anse du Diamant
le Marigot du Diamant
Anse du Diamant
Anse du Savon
d'Arlet
Cul de Sac Royal
FORT ROYAL
S.t Pierre
le Carbet
Trinité
Longitude Occidentale de Paris

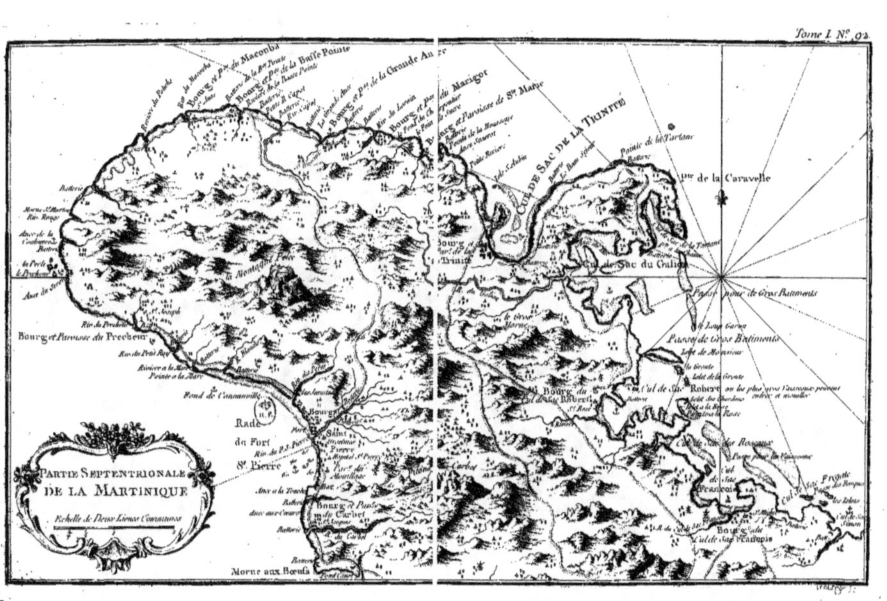

Tome I. N.° 92
PARTIE SEPTENTRIONALE DE LA MARTINIQUE
Echelle de Deux Lieues Communes
CUL DE SAC DE LA TRINITE
Pte de la Caravelle
Pointe de la Partane
Bourg et Paroisse du Prechem
Rade du Fort
St. Pierre
Bourg et Paroisse du Carbet
Morne aux Bœufs
Passe pour de Gros Batimens
Passe de Gros Batimens
Bourg du Robert
Cul de Sac Robert
Cul de Sac du Galion
Bourg et Paroisse de Ste Marie
Bourg et Pte de la Grande Anse
Bourg et Pte de la Basse Pointe
Bourg et Pte du Macouba
Cul de Sac du François
Bourg et Paroisse du François

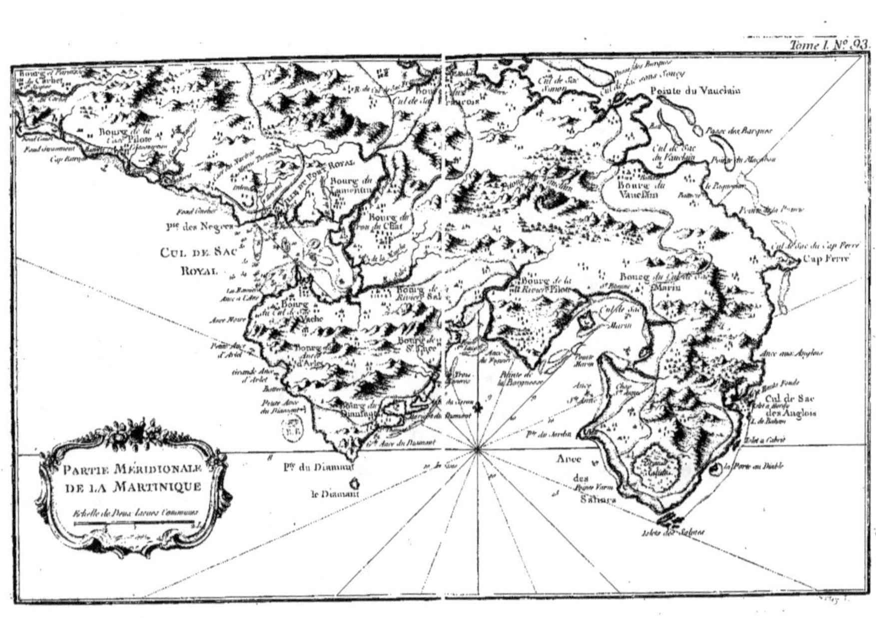

PARTIE MÉRIDIONALE
DE LA MARTINIQUE
Echelle de Deux Lieues Communes
CUL DE SAC ROYAL
Bourg et Paroisse du Carbet
Bourg de la Case Pilote
Cap Barque
Pte des Negres
Bourg au Fort Royal
Bourg du Lamentin
Bourg du Trou du Chat
Bourg de la Riviere Salée
Bourg du Cul de Sac à Vache
Bourg des Anses d'Arlet
Bourg de St Luce
Bourg du Diamant
Pte du Diamant
le Diamant
Gde Anse du Diamant
Pointe du Vauclain
Cul de Sac Simon
Cul de Sac sans Soucy
Passe des Barques
Cul de Sac du Vauclain
Pointe du Macabou
Bourg du Vauclain
Cul de Sac du Cap Ferré
Cap Ferré
Bourg du Cul de Sac Marin
Bourg de la Riviere Pilote
Cul de Sac Marin
Pointe Marin
Anse Ste Anne
Anse aux Anglois
Cul de Sac des Anglois
Islet à Burgos
I. de Baham
Islet à Cabrit
la Perle au Diable
Anse des Petites Salines
Islets des Salines
Pointe du Jardin
Pointe de la Baronnesse
Grande Anse d'Arlet
Petite Anse d'Arlet
Batterie
Anse Noire

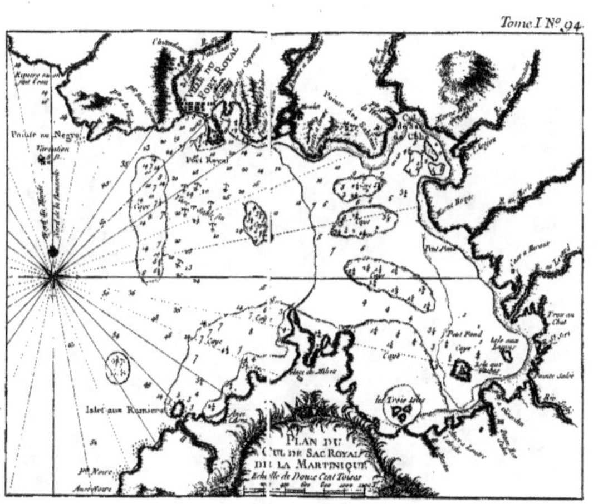

PLAN DU
CUL DE SAC ROYAL
DE LA MARTINIQUE
Echelle de Douze Cent Toises

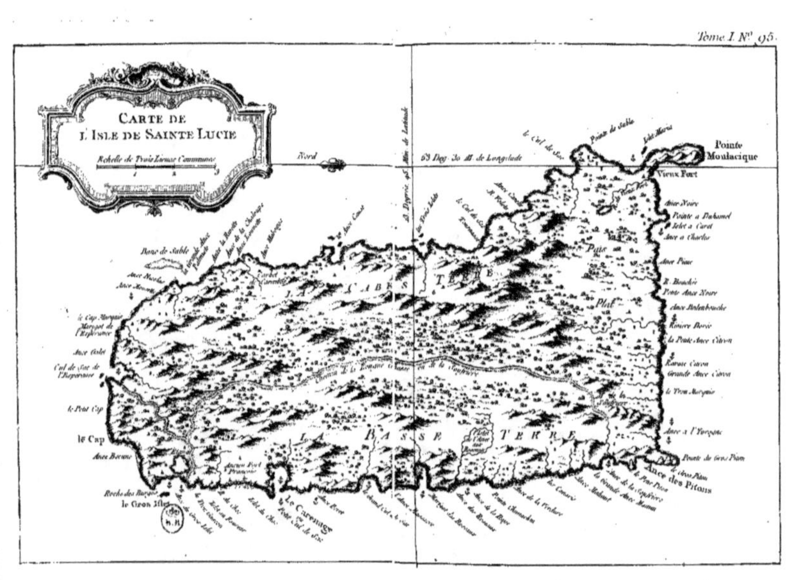

CARTE DE L'ISLE DE SAINTE LUCIE
Echelle de Trois Lieues Communes
Nord
53 Deg. 30 M. de Longitude
Banc de Sable
Anse Nicolas
Anse Marette
Pointe Moulacique
Islet Maria
Pointe de Sable
le Cul de Sac
Vieux Fort
Anse Noire
Pointe a Duhamel
Islet a Caret
Anse a Charles
Anse Piate
R. Bouchie
Pointe Anse Noire
Anse Delenbroche
Riviere Dorée
la Pointe Anse Citron
Ravine Citron
Grande Anse Citron
le Trou Marquis
Anse a l'Yarqou
Pointe de Gros Piton
Anse des Pitons
LA CABESTERRE
LA BASSE TERRE
le Cap Marquis
Marigot de l'Esperance
Anse Cedes
Cul de Sac de l'Esperance
le Petit Cap
le Cap
Anse Becune
Ancien Fort François
Roche des Burgos
le Gros Islet
Le Carenage

PLAN DU PORT DU CARENAGE où PETIT CUL DE SAC DE L'ISLE St. LUCIE.
Echelle de Cinq Cent Toises.
50   100   200   300   400   500 T.
Rivière du Petit Carénage
Le Grand Carénage
Fond de 3 Roches à Chaux
Cul de Sac des Anglois
Fond de Roches à Chaux
brasses d'eau
Habitations
Vestiges d'anciens Retranchemens
Roches pointues toujours sous l'eau
Morne du Pre plus elevé que les autres
Carenage de Troubisconte ou les Gros Vaisseaux peuvent carener
Pointe S. Victor
Ance la Toque
Pointe du Carénage
Nord Sud
D'un Temple de Roches à Chaux

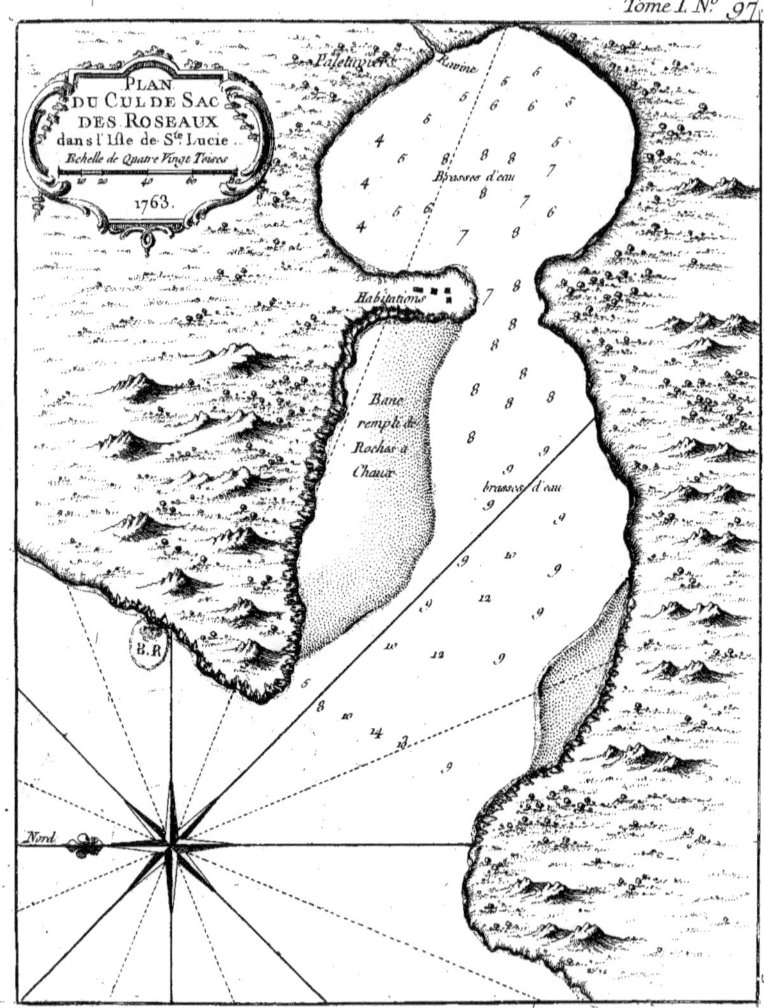
PLAN
DU CUL DE SAC
DES ROSEAUX
dans l'Isle de Ste. Lucie.
Echelle de Quatre Vingt Toises
10 20 40 60 80
1763.
Paletuviers
Ravine
Brasses d'eau
Habitations
Banc
rempli de
Rochas a
Chaux
brasses d'eau
B.R.
Nord

CARTE
DE L'ISLE DE LA
BARBADE
Echelle de deux Lieues comunes
P.t Lambert
PAROISSE
S.t LUCIE
F.t Maycock
la Demi Lune
Fort Robert
F.t Sunderland
Speight Town
F.t Dannemarck
F.t S.te Marguerite
F.t Clarendon
F.t de la Reine
S.t James
Hole Town
Fort Valhant
Fort Yacht
F. Halles
F. Fontabelle
Bridge Town
Baye de Carlisle
Pointe Needham
Fort Charles
Fort Maxuel
S. R.
S.t Lucie
PAROISSE
Ch. des Saints
PAR
PIERRE
S.t James
S.t Andre
Riviere d'Ecosse
S
ANDRE
PAR
S.t Joseph
S
PAROISSE
JOSEPH
S.t Jean
PAR S.
JEAN
Pointe Consets
Pointe Raggel
PAROISSE
S.t Philippe
DE S.t
Pointe Kitridges
Long Bay
THOMAS S.
THOMAS
PAROISSE
S.t
MICHEL
PAROISSE
S.
GEORGES
S. Georges
GEORGES
PHILIPPE
Vindoo
Foul Bay
Pointe Salt Cave
PAROISSE
DE CHRIST CHURCH
Chateau S.t Anne
Christ Church
Oistin Town
Longue Baye
Baye d'Oistin
F.t Rendal
Pointe du Sud
Nord
Longitude 62 D.e 20 m. a l'Occident de Paris.

Tome I. N° 99. 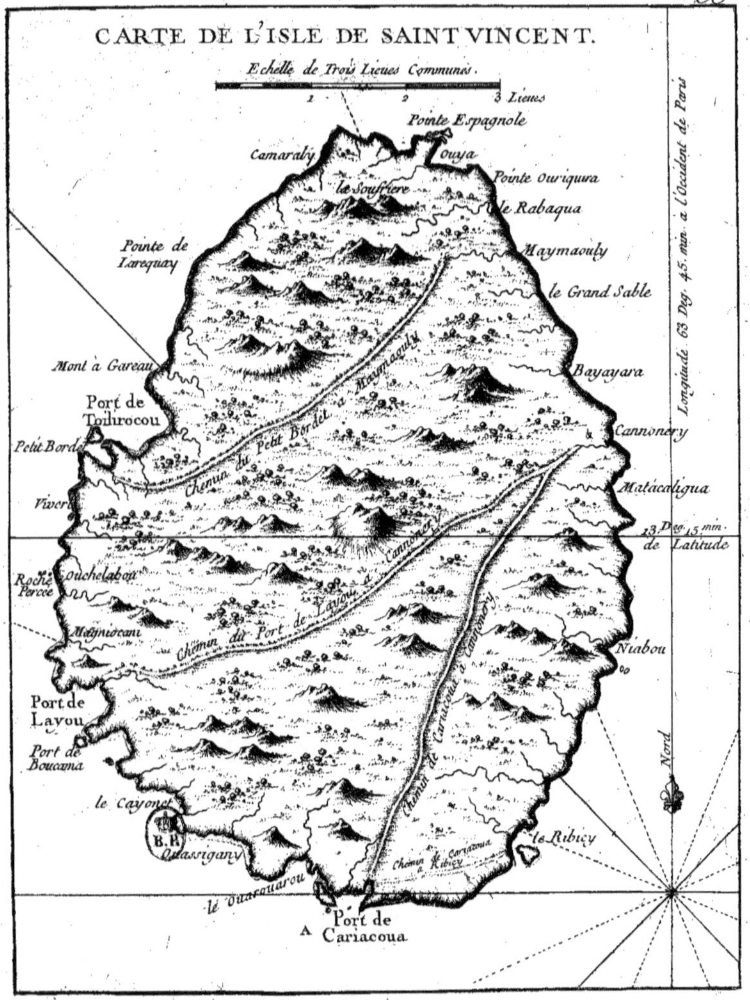
CARTE DE L'ISLE DE SAINT VINCENT.
Echelle de Trois Lieues Communes.
1   2   3 Lieues
Longitude. 63 Degr. 45 min. a l'Occident de Paris
Pointe Espagnole
Camaraly
Ouya
Pointe Ouriqura
le Souffriere
le Rabaqua
Pointe de
Larequay
Maymaouly
le Grand Sable
Mont à Gareau
Bayayara
Port de
Toiltrocou
Cannonery
Petit Borde
Matacaligua
Vivert
13 Deg. 15 min.
de Latitude
Roché
Ouchelabou
Percée
Matiniocani
Chemin du Port de Layou
Niabou
Port de
Layou
Port de
Boucana
le Cayonet
le Ribicy
B.B.
Ouassigany
Chemin du Ribicy
Chemin du Cariacoua à Cannonery
Chemin du Petit Bordel à Maymaouly
Cannon
Nord
le Ouacouarou
A Port de
Cariacoua
A. Voyés le Plan du Port de Cariacoua. N.

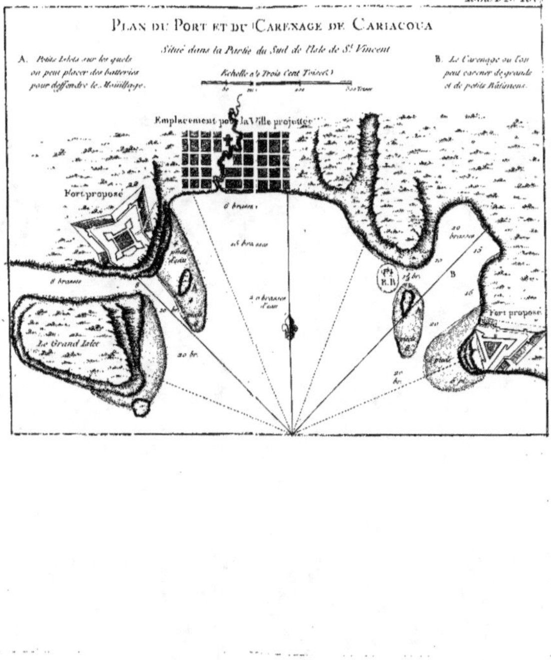
Plan du Port et du Carenage de Cariacoua
Situé dans la Partie du Sud de l'Isle de St. Vincent
A. Petits Islets sur les quels on peut placer des batteries pour deffendre le Mouillage.
B. Le Carenage ou l'on peut carener de grands et de petits Bâtimens.
Echelle de Trois Cent Toises
Emplacement pour la Ville projettée
Fort proposé
6 brasses
Le Grand Islet
20 br.
Fort proposé

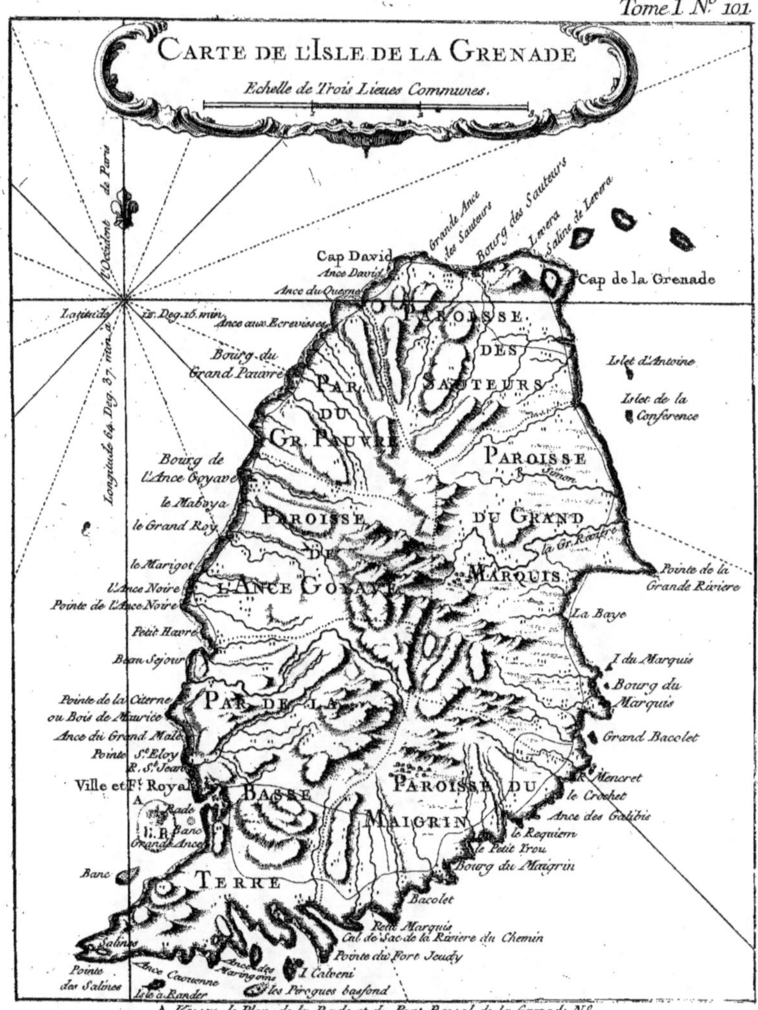
CARTE DE L'ISLE DE LA GRENADE
Echelle de Trois Lieues Communes.
Grande Ance des Sauteurs
Bourg des Sauteurs
Levera
Saline de Levera
Cap David
Ance David
Ance du Quesnel
Cap de la Grenade
L'Occident de Paris
Latitude 12. Deg. 16. min.
Ance aux Ecrevisses
Longitude 64. Deg. 37. min. a.
Islet d'Antoine
Islet de la Conference
Bourg du Grand Pauvré
PAROISSE DES SAUTEURS
PAR. DU Gr. PAUVRE
Bourg de l'Ance Goyave
le Mabuya
le Grand Roy
PAROISSE DU GRAND
le Simon
PAROISSE DE L'ANCE GOYAVE
la Gr. Riviere
Pointe de la Grande Riviere
le Marigot
l'Ance Noire
Pointe de l'Ance Noire
MARQUIS
La Baye
Petit Havre
I du Marquis
Beau Sejour
Bourg du Marquis
Pointe de la Citerne ou Bois de Maurice
PAR. DE LA
Ance du Grand Malé
Grand Bacolet
Pointe St. Eloy
R. St. Jean
R. Mencret
le Crochet
Ville et Ft. Royal
BASSE
PAROISSE DU MAIGRIN
Ance des Galibis
la Rade
B. R. Banc
Grand Ance
le Requiem
le Petit Trou
Bourg du Maigrin
Banc
TERRE
Bacolet
Petit Marquis
Cul de Sac de la Riviere du Chemin
Salines
Pointe des Salines
Ance Caouenne
Ance des Maringoins
I. Calveni
Pointe du Fort Jeudy
Isle a Rander
les Perogues basfond
A Voyez le Plan de la Rade et du Port Royal de la Grenade N°

PORT
ET FORT ROYAL
DE LA GRENADE
Echelle de Cinq Cent Toises
50 100 200 300 400 500
Nord
Ance et Riviere
St. Jean
l'Hopital
LA VILLE
le Fort
Le Port
Pointe du Morne
a Cabrit
Banc de
Rotailles pouries
brasses d'eau
Pointe du Morne
des Peidus
La Petite
Ance
Le Petit Banc
Pointe de
la Petite Ance
Etang
d'Eau Salée